CE2

Jeanine Guion, orthophoniste
Jean Guion, docteur en sciences de l'éducation

Réussir
en orthographe

Illustrations : Marc Goubier
Conception graphique : Frédéric Jely
Mise en page : atelier JMH

© Hatier – 8 rue d'Assas, 75006 Paris – 2015 – ISBN : 978 -2-218-97871-5

Toute représentation, traduction, adaptation ou reproduction, même partielle, par tous procédés, en tous pays, faite sans autorisation préalable est illicite et exposerait le contrevenant à des poursuites judiciaires. Réf. : loi du 11 mars 1957, alinéas 2 et 3 de l'article 41. Une représentation ou reproduction sans autorisation de l'éditeur ou du Centre français d'exploitation du droit de copie (20, rue des Grands-Augustins, 75006 Paris) constituerait une contrefaçon sanctionnée par les articles 425 et suivants du code pénal.

ORTH CE2

Avec les 300 exercices de ce livre, votre enfant connaîtra toutes les règles qui sont au programme du CE2. Il aura ainsi des bases solides en orthographe.

Dans ce livre, il y a trois grandes parties :

Observation

Au début, dix fiches d'exercices sont destinées à habituer les enfants à bien **observer** les mots et les phrases, à **réfléchir** et à **utiliser l'ordre alphabétique**, connaissance nécessaire pour chercher des informations dans un dictionnaire.

Règles d'orthographe *(liste pages 8-9)*

Elles couvrent les grands domaines de l'orthographe :
• les notions grammaticales de base ;
• l'orthographe d'usage (orthographe des mots) ;
• les homophones grammaticaux (a/à, son/sont, ce/se...) ;
• les accords en genre et en nombre ;
• les formes verbales, avec en particulier la conjugaison des verbes fondamentaux.

Révision

Après l'étude des règles, dix fiches d'**exercices variés** aident les enfants à retenir les règles d'orthographe qu'ils ont étudiées. Ces fiches sont suivies de **dictées** avec des renvois aux règles pour faciliter les révisions.

En plus de ces trois parties, ce livre contient :

■ **les mots à savoir écrire** par cœur (PAR ♥) à la fin du CE2. Ils ont été choisis en fonction de leur fréquence d'utilisation en français et de leur difficulté d'apprentissage.

■ **deux tests** d'évaluation : le premier (« Test de départ ») vous aide à connaître le niveau de votre enfant quand il commence à travailler avec ORTH ; le second (« Test final ») vous permet de faire le bilan de ses réussites.

3

Conseils d'utilisation

Les tableaux des règles

Chaque leçon commence par une règle d'orthographe présentée sous forme d'un tableau visuel que votre enfant doit bien **observer** avant de faire le premier exercice. Pour qu'il la retienne bien, cette règle est résumée sous le tableau avec des phrases simples.

Les exercices

Quand il s'agit d'un exercice à trous, c'est mieux si votre enfant écrit la réponse avec tous les mots qui lui ont permis de répondre. Il prend ainsi l'habitude de **repérer les informations utiles** qui expliquent l'orthographe.

Les résultats

• Les exercices ont un nombre de réponses qui vous permet de mesurer facilement ses progrès. Les corrigés sont regroupés dans un livret détachable situé au centre de l'ouvrage.

• Les exercices plus difficiles sont signalés par un petit triangle : ▶.

La progression

Après avoir fait le test de départ et les fiches d'observation, votre enfant peut commencer par apprendre les règles où il s'est trompé. Ensuite, il peut continuer en suivant l'ordre du programme de sa classe. Vous pouvez aussi suivre la progression ci-dessous. Elle a été établie en fonction de la difficulté des règles :

R1 - R2 - R51 - R3 - R4 - R5 - R6 - R52 - R7 - R8 - R28 - R41 - R53- R9 - R10 - R29 - R42 - R54 - R11 - R55 - R12 - R30 - R43 - R56 - R13 - R31- R44 - R57 - R14 - R32 - R15 - R58 - R16 - R33 - R45 - R59 - R17 - R18 - R34 - R60 - R19 - R46 - R61 - R20 - R35 - R62 - R47 - R21 - R63 - R22 - R36 - R64 - R23 - R37 - R65 - R66 - R24 - R48 - R25 - R38 - R67 - R26 - R68 - R27 - R39 - R69 - R70 - R49 - R71 - R40 - R50 - R72.

Présentation d'une règle

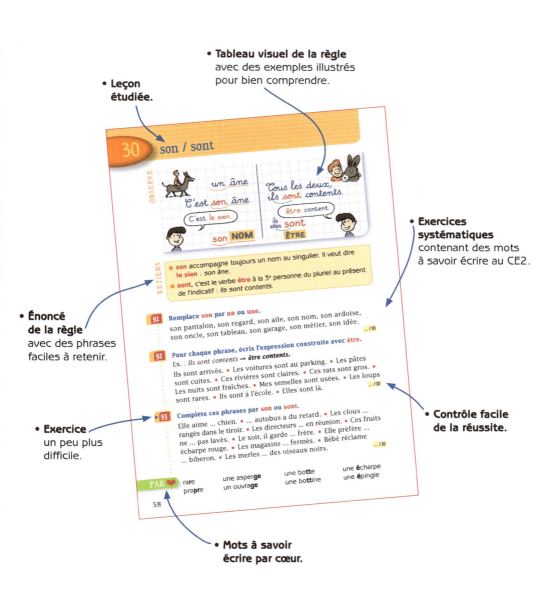

Liste des règles

pages

Notions de base

1. le groupe du nom 26
2. le verbe 27
3. l'adjectif 28
4. le pronom 29
5. la négation 30
6. l'interrogation 31

Orthographe d'usage

7. les mots avec **in**, **ein**, **ien** 32
8. les mots avec **ail**, **eil**, **euil** ou **aill**, **eill**, **euill**, **ouill** 33
9. les mots avec **ay**, **oy**, **uy** 34
10. la lettre **m** avant **m**, **b**, **p** 35
11. les mots avec **x**, **ex** ou **es** 36
12. les mots avec **s** ou **ss** 37
13. les mots avec **g** ou **gu**, **c** ou **qu** 38
14. les mots avec **g** ou **ge**, **c** ou **ç** 39
15. le découpage en syllabes 40
16. les accents : **é**, **è**, **ê** 41
17. un accent ou pas d'accent 42
18. les noms terminés par **-eur** 43
19. les noms terminés par **-ie** 44
20. les noms terminés par **-er** et **-ier** 45
21. les mots avec **onn** 46
22. la ponctuation 47
23. les lettres finales muettes 48
24. les homonymes 50
25. les mots invariables 52
26. les nombres 54
27. les mots terminés par **-ment** 55

Homophones grammaticaux

28. et / est 56
29. a / à 57
30. son / sont 58
31. ou / où 59
32. ce, cet, cette, ces 60
33. ces / ses 61

8

34. ce / se 62

35. se, s'est 63

36. c'est / cet, cette 64

37. c'est / s'est 65

38. on / ont 66

39. leur / leurs 67

40. tout, tous, toute, toutes 68

Accords en genre et en nombre

41. le singulier et le pluriel des noms 69

42. le pluriel des noms en **-eau** et **-al** 70

43. le pluriel des noms en **-eu** et **-ou** 71

44. le féminin des noms 72

45. le féminin des adjectifs 73

46. l'accord des adjectifs 74

47. l'accord sujet-verbe 76

48. l'accord du participe passé employé avec **être** 78

49. l'accord du participe passé employé avec **avoir** 80

50. l'accord des participes passés : principe général 81

Formes verbales

51. l'infinitif 82

52. la personne 83

53. le temps 84

54. **être** et **avoir** au présent de l'indicatif 85

55. les verbes fondamentaux au présent de l'indicatif 86

56. le présent de l'indicatif (1) 88

57. le présent de l'indicatif (2) 89

58. le présent de l'indicatif (3) 90

59. le présent de l'indicatif : révision 91

60. les verbes fondamentaux à l'imparfait de l'indicatif 92

61. l'imparfait de l'indicatif (1) 93

62. l'imparfait de l'indicatif (2) 94

63. les verbes fondamentaux au futur de l'indicatif 95

64. le futur de l'indicatif (1) 96

65. le futur de l'indicatif (2) 97

66. les verbes fondamentaux au passé composé 98

67. le passé composé de l'indicatif 99

68. les participes passés en **-is** et **-it** 101

69. le participe passé en **-é** ou l'infinitif en **-er** 102

70. les verbes fondamentaux à l'impératif présent 104

71. l'impératif présent 105

72. les terminaisons en **-é** ou **-ais**, **-ait**, **-aient** 106

Test de départ

Ce test correspond à des règles d'orthographe qui sont au programme de CE2. Il peut être passé en deux fois.

Réponds sans regarder dans le livre.

1 **Écris ces noms au pluriel.**
une roue : des ......   un animal : des ......

2 **Complète ces noms par on ou par om.**
un n...bre   une r...de

3 **Complète la phrase par et ou est.**
Thomas aime la lecture ... le calcul.

4 **Que manque-t-il : ail, eil, aille ou eille ?**
une or...   un trav...

5 **Complète les mots par s ou ss.**
Son voi...in a un ba...in avec des poi...ons.

6 **Accorde en ajoutant e, es ou ent.**
Le premier coureur arriv... . Tous les gens applaudiss... .

7 **Copie cette phrase en séparant les mots.**
Ellemadonnéunabricot. ....

8 **Écris à la 3e personne du singulier du présent de l'indicatif.**
écouter : en ce moment, il ......   *écrire :* en ce moment, il ......

9 **Choisis entre a et à pour compléter.**
L'enfant ... trouvé la cachette.

10 **Complète ces mots par g, gu ou ge.**
un ma...asin   un pi...on

11 **Conjugue avoir une belle classe et être contents au présent de l'indicatif, 1re personne du pluriel.**
Cette année, nous .... et nous ....

TEST DE DÉPART

12 **Choisis entre on et ont pour compléter.**
Tous les appartements … un balcon.

13 **Écris les verbes entre parenthèses à l'imparfait de l'indicatif.**
L'an passé, elle *(venir)* .... souvent le jeudi
et elle *(manger)* .... avec nous.

14 **Les accents sur certains e ont été enlevés. Remets-les.**
Le lievre s'est cache dans les hautes herbes du pre.

15 **Accorde les adjectifs.**
Le clown portait une chemise vert… avec des étoiles doré… .

16 **Il manque une lettre muette à ces mots. Ajoute-la.**
C'est un élève curieu… et bavar… .

17 **Écris cette phrase en mettant le verbe au passé composé.**
Il demande son chemin. Hier, il ....

18 **Accorde le participe passé.**
Les bureaux sont fermé… le samedi.

19 **Choisis entre ce et se pour compléter.**
L'âne … détacha et … sauva.

20 **Écris les verbes entre parenthèses au futur.**
Demain, nous *(aller)* .... chez ma tante
et je *(dormir)* .... sur le canapé.

(1 point par question entièrement réussie). … / 20

Entoure les numéros des questions où tu as fait des erreurs.
À côté, il y a les numéros des règles que tu as besoin d'apprendre.

1 R41 R42	6 R47	11 R54	16 R23
2 R10	7 R4	12 R38	17 R67
3 R28	8 R56 R57	13 R61 R62	18 R48
4 R8	9 R29	14 R16 R17	19 R34
5 R12	10 R13 R14	15 R46	20 R63 R64

11

Observation de la langue

▶ Avant de commencer l'étude des règles d'orthographe, il est indispensable de connaître l'ordre alphabétique, en particulier pour se servir d'un dictionnaire. Il est aussi nécessaire de vérifier que votre enfant sait observer les mots avec rigueur.

▶ Les dix fiches qui suivent sont présentées de la plus facile à la plus difficile.

▶ Toutes les fiches sont corrigées dans le livret détachable situé au centre de l'ouvrage. Chacune est prévue avec vingt réponses pour que vous puissiez facilement mesurer les progrès de votre enfant.

1 Fiche d'observation

alphabet

	voyelles	consonnes →			
début	**a** e	b f	c g	d h	
milieu	**i** **o**	j p	k q	l r m	n s t
fin	**u** **y**	v z	w	x	

1 **Dans l'alphabet, compte :**
- le nombre de lettres : …
- le nombre de voyelles : …
- le nombre de consonnes : …

2 **Observe l'alphabet.**
- Écris la 1re lettre : …
- Écris la 2e lettre : …
- Écris la dernière lettre : …

3 **Est-ce vrai ou faux ?**
1. **b** est au début de l'alphabet.
2. **m** est au milieu de l'alphabet.
3. **o** est à la fin de l'alphabet.
4. **e** est après **b**.
5. **i** est après **l**.
6. **h** est avant **f**.
7. **n** est avant **o**.

4 **Dans l'ordre de l'alphabet, écris le mot maison à la bonne place. Aide-toi de la première lettre de chaque mot.**

Ex. : …… jaune …… radis …… → *jaune maison radis*.

- …… bus …… train ……
- …… fenêtre …… image ……
- …… porte …… savoir ……

5 **Voici quatre groupes de trois mots. Range-les chaque fois dans l'ordre de l'alphabet.**
- machine – bras – force.
- vent – orage – montagne.
- papillon – violette – surprise.
- oiseau – semaine – route.

… / 20

14

2 Fiche d'observation

ALPHABET →
A B C D
E F G H
I J K L M N
O P Q R S T
U V W X
Y Z

6 **Est-ce vrai ou faux ?**
Ex. : **C** est entre **B** et **D** : *vrai*.
1. **J** est entre **G** et **H**.
2. **M** est entre **L** et **N**.
3. **E** est entre **D** et **F**.
4. **U** est entre **P** et **S**.
5. **O** est entre **N** et **P**.

7 **Observe l'alphabet, puis écris :**
- la troisième lettre.
- la cinquième lettre.
- la dixième lettre.
- la treizième lettre.
- l'avant-dernière lettre.

8 **Trouve les cinq ronds bleus qui ont deux lettres différentes.**

1. a A
2. f E
3. t T
4. h H
5. m N
6. r R
7. c G
8. b D
9. i J
10. l L

9 **Voici des groupes de noms de villes. Écris-les chaque fois dans l'ordre alphabétique.**
- Paris – Lyon – Marseille.
- Nice – Grenoble – Lille.
- Bordeaux – Dijon – Nantes.
- Valence – Nancy – Pau.
- Toulouse – Strasbourg – Rennes.

… / 20

OBSERVATION

3 Fiche d'observation

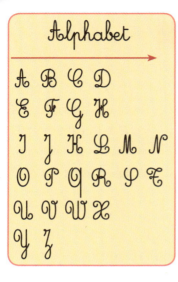

10 Est-ce toujours la même lettre ? Réponds par oui ou non.

1. r r R R
2. F t T t
3. i J I i
4. D b D d
5. S s s S
6. V v V u
7. a A A a
8. G g G g

11 Voici des groupes de trois prénoms. Range-les dans l'ordre alphabétique.
- Marlène, David, Akim
- Laure, Hervé, Isabelle
- Philippe, Samia, Régine

12 Voici un alphabet écrit avec différentes écritures. Il manque quatre lettres. Lesquelles ?

A B c d e F g H j k l
n O P q r S t v w Y z

13 Enlève cinq mots et tous les autres seront rangés dans l'ordre alphabétique.

ami – bonbon – plage – enfant – gros – image – sage – jupe – lait – chapeau – porte – rose – triste – mouche – usine – valise – fenêtre – zoo.

... / 20

16

4 Fiche d'observation

Comment ranger les mots par ordre alphabétique

■ Regarde la 1re lettre :
1. **a**..............
2. **b**..............

■ Si la 1re lettre est la même, regarde la 2e lettre :
1. a**b**ricot
2. a**d**roit

■ Si les lettres du début sont les mêmes, cherche la 1re lettre qui change :
1. an**g**e
2. an**i**mal

1. auto**b**us
2. auto**c**ar

14 Dans chaque cadre, les mots sont-ils rangés dans l'ordre alphabétique ? Réponds par **oui** ou **non**.

1. 1. ardoise
   2. bureau
2. 1. magasin
   2. bazar
3. 1. lièvre
   2. tortue
4. 1. pondre
   2. œuf
5. 1. école
   2. domino
6. 1. renard
   2. singe

15 Sur chaque ligne, écris le mot **bouquet** à la bonne place, dans l'ordre alphabétique.

■ ... grenouille ...
■ ... bras ...
■ ... balcon ...
■ ... botte ...
■ ... boulanger ...
■ ... boutique ...

16 Voici trois listes de mots. Écris-les chaque fois dans l'ordre alphabétique.

■ abeille – arbre – aviateur – animal – aller.
■ minute – merci – moteur – mars – moment.
■ rosée – roulette – rond – roue – rondelle.

17 Le robot n'a pas su réciter l'alphabet. Enlève les lettres qu'il a mises en trop.

a b c d i e f c g h i j k l m n
n o p t q r s t u v l w x y z

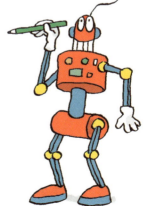

... / 20

5 Fiche d'observation

18 Quand tu utilises un dictionnaire, où cherches-tu les mots qui correspondent aux dessins ? Écris ces mots.

Ex. : *Tu ne trouves pas à **f**.*
*Tu cherches à **ph**.*
*Tu trouves le mot **phare**.*

3. Tu ne trouves pas à **s**.
Tu cherches à ... .
Tu trouves le mot ... .

1. Tu ne trouves pas à **j**.
Tu cherches à ... .
Tu trouves le mot ... .

4. Tu ne trouves pas à **u**.
Tu cherches à ... .
Tu trouves le mot ... .

2. Tu ne trouves pas à **o**.
Tu cherches à ... .
Tu trouves le mot ... .

5. Tu ne trouves pas à **é**.
Tu cherches à ... .
Tu trouves le mot ... .

19 Dans chaque mot, il y a une syllabe de trop. Corrige les erreurs.

la limolinade – une locomocotive – une malamadie
un canapépé – du chococholat – la contufiture.

20 Le robot écrit n'importe quoi ! Remets les lettres dans l'ordre pour retrouver les mots qu'il voulait écrire.

21 Dans quels mots retrouves-tu ces syllabes ?

ver → avertir   durer   vernir   livre
gra → garnir   grave   rage   agrafe

... / 20

6 Fiche d'observation

22 Quand tu utilises un dictionnaire, où cherches-tu les mots qui correspondent aux dessins ? Écris ces mots.

Ex. : *Tu ne trouves pas à **i**.* *Tu cherches à **h**.* *Tu trouves le mot **hibou**.*	3. Tu ne trouves pas à **s**. Tu cherches à … . Tu trouves le mot … .
1. Tu ne trouves pas à **qu**. Tu cherches à … . Tu trouves le mot … . 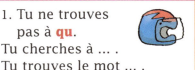	4. Tu ne trouves pas à **é**. Tu cherches à … . Tu trouves le mot … .
2. Tu ne trouves pas à **en**. Tu cherches à … . Tu trouves le mot … .	5. Tu ne trouves pas à **c**. Tu cherches à … . Tu trouves le mot … .

23 Dans chaque mot, il y a une syllabe de trop. Corrige les erreurs.

un amalnimal – la chemichenée – le jardijarnier
la marmimite – la matimanée – un mouchemouron.

24 Le robot écrit n'importe quoi !
Remets les lettres dans l'ordre
pour retrouver les mots qu'il voulait écrire.

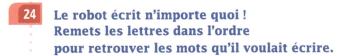

25 Dans quels mots retrouves-tu ces syllabes ?

gre → léger   tigre   langue   grenouille
for → froid   forte   informer   tordu

7 Fiche d'observation

> Pendant la leçon de conjugaison, la maîtresse demande :
> – Quand je dis : il pleuvra, c'est quel temps ?
> – Le mauvais temps, madame, répond Thomas.

26 **Reconnais-tu ces mots ? Écris-les.**

une leç...   un garç...   un maç...   un glaç...   une faç...
la maîtr... la vit...   la rich... une tr...   la princ...

27 **Le robot a voulu écrire quatre mots de l'histoire, mais il a mélangé les syllabes. Retrouve ces mots.**

damame   vaismau   jusoncongai   vrapleu

28 **Cherche dans le texte du haut de la page trois mots qui représentent une personne. Écris-les.**

29 **Le robot s'est encore trompé. Il écrit u au lieu de a. Corrige ses trois messages.**

Je n'ui pus de purupluie.

Il fuit muuvuis ce mutin.

On iru s'ubriter duns lu cubune.

... / 20

8 Fiche d'observation

> – Maman, est-ce que je peux jouer du piano ?
> demande Émilie.
> – Oui, mais il faut d'abord te laver les mains.
> – Oh ! ce n'est pas la peine, je jouerai
> seulement sur les touches noires.

30 **Sur chaque ligne, retrouve un mot de l'histoire.**
- bouche – touche – couche – souche – louche.
- veine – peine – reine – Seine.
- poire – boire – Loire – foire – noire.

31 **Cinq de ces syllabes sont dans des mots de l'histoire. Trouve-les.**

| pai | bro | tou | roi | moi | pie |
| noi | pia | por | pei | ton | jou |

32 **Choisis chaque fois le mot qui est bien écrit pour compléter.**

blanc ou **noires** ? → des touches …
propres ou **sale** ? → des mains …
blanc ou **noire** ? → un piano …

33 **Ces cinq mots se terminent comme un mot qui est dans le texte du haut de la page. Complète-les.**

un lavab…   une mot…   un vél…   le caca…   une aut…

34 **Le robot a mis des verbes dans une boîte. Quels sont ceux qu'on retrouve dans le texte ?**

chanter   pouvoir   manger
doucher   crier   jouer
ouvrir   laver   demander

… / 20

9 Fiche d'observation

C'est la leçon de calcul.

Le maître demande :
– Antoine ! Si tu as deux poissons dans ton assiette et si tu en manges deux, que reste-t-il ?
– Les arêtes, monsieur.

35 **Quels mots sont dans l'histoire du haut de la page ?**

poison	maire	mètre	ton
poissons	maître	mettre	thon

36 **Cinq de ces syllabes sont dans des mots de l'histoire. Trouve-les.**

ser	mau	nou	man	lac	mon	toi
boi	beu	cal	pio	res	cla	foi

37 **Cherche dans le texte du haut de la page :**

- le mot qui a **deux t** ;
- les deux mots qui ont **deux s** à la suite ;
- les quatre mots qui contiennent **an**.

38 **Complète par le singulier ou par le pluriel.**

le maître → les ...
un ... → deux poissons
l'arête → les ...
la leçon → les ...
une assiette → deux ...

... /20

10 Fiche d'observation

De la fenêtre de sa chambre, Thomas regarde la neige qui tombe en gros flocons.
– Chic ! pense-t-il. Avec mes copains, on va faire une bataille de boules de neige !

39 **Complète ces mots. Ils se terminent tous de la même façon.**

mon cop… – attendre le tr… – prendre un b…

un morceau de p… – après-dem… .

40 **Cherche dans le texte du haut de la page :**
- le mot qui se termine comme *médaille* ;
- les deux noms qui ont le son **è** de *mère* ;
- les deux mots qui ont un **m** avant **b**.

41 **Complète par les petits mots qui manquent.**

sa chambre (à Thomas) | ses copains (à Thomas)
… chambre (à toi) | … copains (à toi)
… chambre (à moi) | … copains (à moi)

42 **Le robot s'est trompé en écrivant. Chaque fois, il a changé une lettre. Retrouve les mots de l'histoire qu'il voulait écrire.**

flacons   taire   poules
gris   bombe   retarde

… / 20

Règles d'orthographe

▶ Elles sont regroupées sous cinq rubriques *(liste des règles pages 8-9)* :
– les notions de base de grammaire ;
– l'orthographe d'usage des mots ;
– les homophones grammaticaux (a/à, son/sont, ce/se…) ;
– les accords en genre et en nombre ;
– les formes verbales et les conjugaisons.

▶ Les mots marqués PAR♥ doivent être appris par cœur. Ils ont été choisis en fonction de leur fréquence et de leur difficulté.

▶ Les exercices plus difficiles sont signalés par un triangle bleu : ▶.

le groupe du nom

OBSERVE

RETIENS

- **Le nom** est un mot qui désigne une personne, un animal, une chose ou une idée.
- **Le groupe du nom** est formé d'un petit mot *(un, une, des, le, la, les, mon, ma, mes…)* suivi d'un nom, avec parfois un ou deux adjectifs : *une **belle** voiture **rouge**.*

1 **Classe ces mots en quatre colonnes suivant qu'ils représentent une personne, un animal, une chose ou une idée.**

un âne, une dent, un pêcheur, un tabouret, un vase, une sottise, un corbeau, une vipère, un écolier, la force.

… /10

2 **Écris seulement les noms en ajoutant un ou une.**

film, soupière, mélanger, sacoche, écharpe, donner, partout, plat, vivre, joue, diriger, langue, nid, nappe, utile, sardine.

… /10

3 **Dessine « une cuillère » sous chaque groupe du nom.**

Ex. : *C'est mon gros chat noir.* → *C'est mon gros chat noir.*

Le train part dans une minute. • Mets un pantalon propre. • Chez ma grand-mère, c'est le coq qui me réveille le matin. • Je n'ai pas ce joli timbre dans ma collection. • J'ai aidé ce vieux monsieur à traverser la rue.

… /10

PAR ♥

| un tr**ain** | une de**nt** | un cadre | un timbre |
| le p**ain** | un instrume**nt** | une raqu**ette** | sombre |

2 le verbe

OBSERVE

RETIENS

- **Le verbe** est un mot qui indique en général **ce que l'on fait** : *bondir, s'envoler*.
- Le verbe peut se conjuguer : *je bondis, tu bondis, il bondit…*

4 **Recopie seulement les verbes.**

laver, chapeau, saluer, féminin, moudre, respirer, radis, tenir, jaune, continuer, rire, bas, avertir, gauche, porter, savoir.

… /10

5 **Souligne les verbes de ces phrases.**

Je ferme la porte. • Montre-moi cette photo. • Je recouds un bouton. • Ne triche pas au jeu. • Il veut une pomme. • Si tu cries, les oiseaux s'envoleront. • Elle viendra tout à l'heure. • Il va mieux. • Les élèves prennent leur livre.

… /10

6 **Souligne les verbes de ces phrases.**

Maman garde le bébé des voisins. • Le train arrive en gare. • Le match commencera à six heures. • Tu dis des sottises. • On trouve des piles dans ce magasin. • Grand-mère conduit trop vite. • Regarde de chaque côté, puis traverse. • Écoutons cette chanson. • Il joue du piano.

… /10

PAR ❤
arracher	éplu**cher**	bavar**der**	cou**dre**
approcher	couv**rir**	murmu**rer**	tor**dre**

3 l'adjectif

OBSERVE

RETIENS

■ **L'adjectif** est un mot qui accompagne le nom.
Il dit **comment est** une personne, un animal ou une chose :
elle est *grande*, il est *long*.

7 Recopie seulement les adjectifs.

écrire, sot, peureux, docteur, fort, papier, adroit, bleu, épine, plonger, dur, plaisir, chaud, douloureux, répondre, sportif, plage, vieux.   …/10

8 Souligne les adjectifs de ces phrases.

Il fait un temps magnifique. • Ce virage est dangereux. • L'herbe est haute. • Il est fou ! • Connais-tu la belle histoire du vilain petit canard ? • Je voudrais un vélo neuf. • Ils ont un chat noir à poils longs.   …/10

▶ 9 Souligne les adjectifs de ces phrases.

Ce jambon est trop gras. • Enzo est le plus jeune des deux. • C'est un outil très pratique. • L'avion était invisible dans le ciel. • Il est en parfaite santé. • Tu es légère comme une plume ! • Bébé a la peau douce. • Attention à ce vase : il est fragile ! • Ma grande sœur est frileuse.   …/10

PAR ♥

bas, ba**ss**e   confortable   fril**eux**   gri**s**
b**eau**, b**elle**   formidable   util**e**   jaune

4 le pronom

OBSERVE

Papa a acheté un ballon. Louis a prêté le ballon.

Papa **m'** a acheté un ballon.

Louis

PRONOM

Louis **l'** a prêté.

le ballon

RÈGLES

RETIENS

- **Le pronom** est un petit mot qui **remplace un groupe du nom**. Il faut toujours penser à ce qu'il représente.
- Avant une voyelle, le pronom s'écrit avec une apostrophe.

---

10 **Quel groupe du nom correspond à chaque pronom en gras ?**

Léna **le** regarde grignoter une carotte.
Les enfants **la** voient dans le ciel.
Maman **les** presse pour faire un jus.
Hugo **les** appelle pour jouer.
Le chien **l'**a coupée avec ses dents.
On **l'**étend sur des fils.
Papa **l'**a réglé pour qu'il sonne.
Lucas **les** regarde construire un mur.
Magali **les** brosse chaque matin.
Alicia **l'**aide à mettre le couvert.

les maçons
la corde
le lapin
ses cheveux
les oranges
la lune
le linge
sa mère
le réveil
ses copains

... /10

11 **Écris ces phrases en séparant les mots.**

Ilmadonnéunlivre. • Vousmavezfaitpeur. • Ellesecouelatête.
Ellemaprêtéundisque. • Ellesachètentdesradis. • Jetécoute.
Onsamusebien. • Ilsendortvite. • Jelaivu. • Onlècheuneglace.

... /10

PAR ♥

une cach**ette**
une couch**ette**

une ba**ll**e
un ba**ll**on

une corde
le lin**ge**

le mien
un no**m**

29

5 la négation

OBSERVE

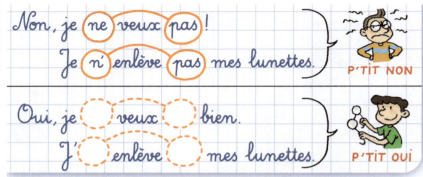

RETIENS

- **La négation** est formée de deux mots : **ne** et **pas** (ou : **ne ... plus**, **ne ... jamais**, **ne ... rien**).
- Avant une voyelle, **ne** devient **n'** : *je n'enlève pas*.

12 **Écris les phrases qui ont une négation.**

Margaux n'est pas sotte. • Julien mange peu. • Je n'ai plus de pièces. • Il ne veut rien. • Mon dessin est bientôt terminé. • Mon frère n'a jamais peur. • Le voyage sera long. • On ne grandit pas vite.   ... /5

13 **Écris ces phrases en séparant les mots.**

Ilnevientpas. • Ellenestpaslà. • Ilnepleutplus. • Jenaipasfroid. Latortuenestpasrapide. • Jenaimepasleriz. • Onnapasfini. • Ellenoublierien. • Tunécoutesjamais. • Ilnestpastombé.   ... /10

14 **Voici des phrases de « P'tit Oui ». Fais-les dire à « P'tit Non ».**

Ex. : *J'enlève mes lunettes.* → *Je n' enlève pas mes lunettes.*

Il prend son ours. • L'oiseau s'échappe de sa cage. • Elle enferme ses poules. • On apporte ses jouets à l'école. • J'échange une image contre deux billes. • Tu ouvres la porte. • Papa achète le pain. • Tu utilises des craies ? • J'aime les bananes. • J'ai beaucoup d'amis.   ... /10

PAR ♥

| une craie | un jouet | une pièce | sot, sotte |
| une soirée | un joueur | un piège | parfait |

6 l'interrogation

OBSERVE

RETIENS

■ Quand une phrase exprime **une question**, les mots peuvent changer de place. Il faut toujours chercher la phrase simple qui correspond : *Ira-t-elle ?* correspond à : *Elle ira*.

15 **Ces phrases posent des questions. Fais dire les phrases simples à « P'tit Oui ».**

Ex. : *Ira-t-elle à l'école ?* → *P'tit Oui : Elle ira à l'école.*

Avez-vous déjeuné ? • Veux-tu des feutres ? • Porte-t-il un chapeau ? • Aime-t-elle les frites ? • Marquera-t-on un but ? • Mettrons-nous une veste et des bottes ? • Choisira-t-il ce métier ? • A-t-elle une sœur ? • Apprend-on cette leçon ? • Est-elle contente ? ... /10

16 **Écris ces phrases en séparant les mots. Pense aux traits d'union.**

Ex. : *Iratelleàlécole ?* → *Ira-t-elle à l'école ?*

Irastuàlafête ?	Pilotetilunavion ?
Estellejolie ?	Soulèverezvouscesac ?
Estugrand ?	Sortiratellebientôt ?
Atiluneauto ?	Parlentilsenclasse ?
Cecouteaucoupetil ?	Combienastudefrères ?

... /10

PAR ♥

blan**c**	une fen**ê**tre	un feutre	dern**ier**
blan**ch**ir	gauche	un monstre	la monta**gne**
la blanch**eur**	le garage	un litre	une va**gue**

31

7 les mots avec **in**, **ein**, **ien**

OBSERVE

RETIENS

- Les trois lettres **e.i.n** se prononcent comme **in** : *un lapin, la peinture*.
- Dans **ien**, on entend deux sons « i-in » : *un chien*.

17 **Choisis entre in et ien pour compléter.**

le mat…, un ch…, un magas…, un dess…, c'est b…, c'est anc…, des pép…s, un chem…, un magic…, un jard… .

… /10

18 **Choisis entre in et ien pour compléter.**

un music…, c'est le t…, du rais…, un coméd…, un bass…, mascul…, fémin…, un chirurg…, un moul…, un requ… .

… /10

▶ **19** **Complète par ein ou ien.**

Le fr… de mon vélo est cassé. • Le gard… est absent. • Ce manteau est le m… . • Le carton est pl… . • Il a mal aux r…s. • Comb… en voulez-vous ? • Ét…s la lumière. • Non, je ne veux r… . • Est-ce qu'elle v…dra avec moi ? • On va rep…dre la cuisine.

… /10

PAR ♥

un vois**in**	un prince	la cour	un poin**t**
le vois**in**age	une princ**esse**	courir	une poin**te**
une font**aine**	mal**in**	une course	une fuite

32

les mots avec **ail**, **eil**, **euil** ou **aill**, **eill**, **euill**, **ouill**

OBSERVE

un port**ail**	un __ail	il trav**aille**	il __aille
le sol**eil**	le __eil	la corb**eille**	la __eille
un faut**euil**	un __euil	une f**euille**	une __euille
		une gren**ouille**	une __ouille

À la fin du mot, au masculin.

Noms au féminin + verbes

RETIENS

- On écrit **ail**, **eil**, **euil** à la fin d'un mot masculin : *un portail*.
- On écrit **aille**, **eille**, **euille**, **ouille** à la fin d'un mot féminin et d'un verbe : *une corbeille, il travaille*.
- À l'intérieur d'un mot, on écrit toujours **aill**, **eill**, **euill**, **ouill** : *le feuillage, il travaillait*.

20 **Écris ces mots en ajoutant un ou une.**

portail, feuille, appareil, écureuil, caille, fauteuil, oreille, grenouille, conseil, maille. ... /10

21 **Complète par ail ou aille, eil ou eille.**

une ab..., le sol..., la bat..., une corb..., de la p..., une éc..., une bout..., un rév..., une merv..., un trav... . ... /10

▶ 22 **Complète par il ou ille.**

une jolie méda..., des nou...s fraîches, une feu... de papier, les ra...s du train, de la rou..., je trava..., une grande ta..., il se mou..., un chevreu..., il se réve... . ... /10

PAR ♥
| une or**eille** | la t**aille** | gar**der** | de la mie |
| une f**euille** | une gren**ouille** | un gar**dien** | une mi**ette** |

33

9 les mots avec **ay, oy, uy**

OBSERVE

on prononce	on écrit
ai - ion	ayon
oi - ia	oya
ui - ié	uyé

un crayon
un voyage
essuyé

RETIENS

■ Après **a**, **o**, **u**, la lettre **y** correspond en général à **deux i** : *un crayon, un voyage, essuyé.*

23 **Complète par ay, oy ou uy.**

Veux-tu bal...er ? ● Le chien a ab...é. ● Elle t'a env...é un colis. ●
Ils ont p...é leur l...er. ● Elle est au cours m...en. ● Cet article
est au r...on parfumerie. ● Nett...ons le four. ● Ess...ez la table
avec ce chiffon. ● C'est un cr...on bleu. ... / 10

24 **Complète par ay, oy ou uy.**

Tu vas t'enn...er. ● Le feu brûle dans le f...er de la cheminée. ●
Il a app...é l'échelle contre le mur. ● Il v...age beaucoup. ●
C'est un empl...é de banque. ● Maman va ess...er une robe. ●
Quelle rue br...ante ! ● J'ai acheté un pull à r...ures. ●
Antoine est j...eux. ● Il est de taille m...enne. ... / 10

▶ **25** **Dans quels mots la lettre y correspond-elle à un seul i ?**

un pyjama, un paysage, un voyageur, une pyramide,
un cyclone, il croyait, un mystère, nous voyons, une syllabe,
le noyer, le jury, une voyelle, un cygne, un rayonnage,
un cycliste, le nettoyage, un stylo, la gymnastique. ... / 10

PAR ♥

| un **voy**age | une lettre | une éch**elle** | une ab**eille** |
| un **voy**ageur | un pay**s** | une éc**aille** | une bout**eille** |

34

10 ## la lettre **m** avant **m, b, p**

RÈGLES

OBSERVE

	on entend	avant m, b, p, on écrit
emmener	en	*emm*
la jambe	an	*amb*
un timbre	in	*imb*
un pompier	on	*omp*

em am im om → m b p

⚠ sauf : *bonbon*

RETIENS

■ La lettre **n** devient **m** quand elle est suivie d'un **m**, d'un **b** ou d'un **p** :
emmener, la jambe, un pompier.

---

26 **Complète par an ou am, on ou om.**

une ...bre chinoise, bl...chir le linge, un n...bre à deux chiffres, une r...pe d'escalier, une m...tagne enneigée, un joli t...bour, une bonne rép...se, un problème c...pliqué, la gr...deur, un t...pon. ... / 10

27 **Complète par on ou om, in ou im.**

un ...perméable, une f...taine, une pièce s...bre, une punition ...juste, une tr...pette, un c...pagnon, gr...per aux arbres, la c...duite, une ép...gle, une p...pe à vélo. ... / 10

▶ **28** **Complète par en, on, in ou par em, om, im.**

c'est ...possible, une m...tre en or, t...ber de haut, ...capable, c'est ...portant, le d...tiste, un b...bon, un c...pliment, ...core, tr...bler de froid. ... / 10

PAR ♥

une pompe	un papillon	la campagne	décembre
pomper	la paille	un compliment	une jambe
un pompier	une bataille	une trompe	un légume

35

11 les mots avec **x**, **ex** ou **es**

OBSERVE

RETIENS

- À l'intérieur d'un mot, la lettre **x** se prononce en général « ks ».
- Quand un mot commence par **ex-**, la lettre **x** se prononce « ks » avant une consonne : *un exposé*.
  Elle se prononce « gz » avant une voyelle : *un exemple*.

29 **Complète par s ou x.**

un bo...eur, di...cuter, un ta...i, ju...qu'à ce soir, lu...ueux, une école mi...te, un di...que, à pro...imité, un ma...que, des fi...ations de ski. ... /10

30 **Complète par es ou ex.**

un ...calier, bien ...pliquer, une ...trade, un ...cargot, une ...position, un ...cabeau, à l'...térieur, l'...pace, un ...emple, l'...tomac. ... /10

▶ **31** **Complète par s, x, es ou ex.**

une ...plosion, une ...calade, di...tribuer, des ...cuses, avoir pr...que fini, un in...pecteur, regarder fi...ement, l'...poir, un ca...que, une ...plication. ... /10

PAR ♥

une **ves**te	un des**s**in	**cui**re	une com**pagne**
respirer	des**s**iner	la **cui**sine	un com**pagnon**
la **res**piration	une ardoi**s**e	un bis**cui**t	une com**pagnie**

36

12 les mots avec **s** ou **ss**

RÈGLES

OBSERVE

Je dis **sss**...   Je dis **zzz**...

un poisson   la poste   une rose

a	a	a	a	a
o	o	o	o	o
u **ss**	u	u **st**	u **s**	u
e	e	e	e	e
i	i	i	i	i

voyelle **ss** voyelle	voyelle **s** consonne	voyelle **s** voyelle
		z

RETIENS

■ Le son « s » s'écrit avec **deux s** s'il y a une voyelle juste avant et une voyelle juste après : *un poisson*. Si le son « s » n'est pas entre deux voyelles, **un seul s** suffit : *la poste*.

■ Le son « z » s'écrit très souvent avec la lettre **s** : *une rose*.

32 **Complète par s ou ss selon que tu as le son « z » ou le son « s ».**

une bro...e, repa...er, un tré...or, le pa...é, une égli...e, une ardoi...e, une écrevi...e, de...iner, une sauci...e, une cho...e.

... / 10

33 **Complète par s ou ss. Si tu as le son « s », observe bien la lettre qui est juste avant et celle qui est juste après.**

des tre...es, une ve...te, c'est u...é, une divi...ion, un in...ecte, un ba...in, une pou...ette, une blou...e, en...uite, au...i.

... / 10

▶ **34** **Complète par s ou ss.**

une lettre maju...cule, une plante gra...e, traver...ons la rue, sourire tri...tement, une sai...on pluvieu...e, un chien de cha...e, une cui...on in...uffisante, une table ba...e.

... / 10

PAR ❤

un our**s**	la bri**s**e	gro**ss**ir	une **es**trade	une écur**ie**
un our**s**on	bri**s**er	gra**s**, gra**ss**e	un **es**calier	une mor**ue**

37

13 les mots avec **g** ou **gu**, **c** ou **qu**

OBSERVE

que gui	longue guirlande	que qui	bouquet requin

ga go gu	garder gomme figure	ca co cu	carnet corde cuisine

RETIENS

■ Pour avoir le son « g » de *gare*, on écrit **g** avant **a**, **o**, **u** (*garder, gomme, figure*) et **gu** avant **e** et **i** (*longue, guirlande*).

■ Pour avoir le son « k » de *cave*, on écrit **c** avant **a**, **o**, **u** (*carnet, corde, cuisine*) et **qu** avant **e** et **i** (*bouquet, requin*).

35 **Complète par g ou gu.**

un lé...ume vert, tirer la lan...e, un ma...asin, des va...es, une ba...e en or, le re...ard, conju...er un verbe, une vir...ule, une ba...ette, la lon...eur.

... / 10

36 **Complète par c ou qu.**

un cir...e, un pi...et de tente, une é...urie, le dire...teur, se...ouer ses plumes, une ra...ette de tennis, de la chi...orée, fabri...er, un ...adre en bois, un li...ide très chaud.

... / 10

▶ **37** **Complète par g ou gu, c ou qu.**

tourner à ...auche, être fati...é, au sin...ulier, un œuf à la co...e, prendre des ris...es, un re...ord, un ...roupe d'enfants, rester cha...un à sa place, navi...er sur un fleuve, aller à la ban...e.

... / 10

PAR ♥

un bou**qu**et	un la**c**	un co**q**	une bar**que**	une chose
une bouti**que**	un be**c**	co**qu**in	lon**g**, lon**gue**	vieu**x**

38

14 les mots avec **g** ou **ge**, **c** ou **ç**

OBSERVE

J'entends jjj...

gea geo	orangeade pigeon
ge gi	plage régime

J'entends sss...

ça ço çu	façade garçon reçu
ce ci	place merci

RETIENS

■ Pour que la lettre **g** se prononce « j », on ajoute un **e** et on écrit **ge** avant **a**, **o**, **u** : *l'orangeade, un pigeon*.

■ Pour que la lettre **c** se prononce « s », on ajoute **une cédille** et on écrit **ç** avant **a**, **o**, **u** : *la façade, un garçon, un reçu*.

38 **Complète par g ou ge.**

une ...erbe de fleurs, suivre un ré...ime, il voya...ait,
un repas lé...er, il va ru...ir, une bête sauva...e, on man...ait
des crêpes, de l'oran...ade, un beau ver...er, un plon...on.

... / 10

39 **Complète par c ou ç.**

une grande piè...e, effa...er le tableau, une ré...itation très
longue, une le...on à apprendre, la fa...ade de la maison,
voi...i l'hiver, un ma...on adroit, un exer...ice fa...ile,
être dé...u par une mauvaise note.

... / 10

▶**40** **Complète par g ou ge, c ou ç.**

un rempla...ant, un temps chan...ant, une sor...ière,
un lima...on, un travail ur...ent, des bour...ons, un pi...on,
c'est le ...inquième, le rin...age du linge, l'hame...on.

... / 10

PAR ♥

le **ci**el	une ra**ci**ne	un parta**ge**	une **gi**rafe
un **ci**rque	mer**ci**	parta**ger**	le **gi**bier

RÈGLES

39

15 le découpage en syllabes

OBSERVE

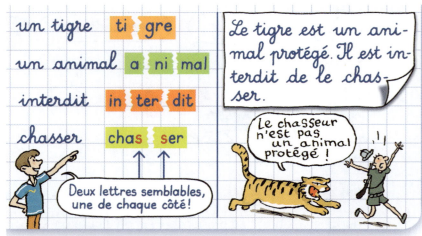

RETIENS

- Les mots peuvent se couper en **syllabes** : *a-ni-mal, in-ter-dit*.
- Si un mot a une consonne double, on le coupe en syllabes entre les deux consonnes : *chas-ser*.
- Si un mot ne tient pas à la fin d'une ligne, on le coupe entre deux syllabes et on ajoute un tiret.

41 **Écris ces mots en attachant les syllabes.**

ba-var-der, do-mes-ti-que, un cir-que, un bas-sin, un pa-nier, une pier-re, une ba-vet-te, l'a-via-tion, en-fan-tin, un bal-con.

... /10

42 **Coupe ces mots en syllabes.**

chaudement, la grammaire, une couchette, janvier, perdu, une brosse, une brique, un cornet, un veston, la cuisson.

... /10

▶ 43 **Comment peut-on couper ces mots en fin de ligne ?**

un camarade, un bazar, des bottines, une asperge, un castor, reprendre, une gomme, du trèfle, un terrain, un mouvement.

... /10

PAR ♥

| une bro**ss**e | le cloch**er** | un ba**ss**in | chau**d** |
| bro**ss**er | une cloch**ette** | la cui**ss**on | chaude**ment** |

40

16 les accents : é, è, ê

OBSERVE

é — Se prononce comme dans "bébé."

féminin — fé | mi | nin

è **ê** — Se prononcent comme dans "lait."

frère — frè | re

fête — fê | te

⚠ Tous ces accents sont à la fin d'une syllabe.

RETIENS

- Les accents sur le **e** montrent comment on prononce cette lettre.
- Il y a l'**accent aigu** (é) pour prononcer le **é** de *féminin*.
- Il y a l'**accent grave** (è) pour prononcer le **è** de *frère*, et l'**accent circonflexe** (ê), comme dans *fête*.

44 **Écris ces mots en ajoutant les accents aigus (é) ou graves (è).**

ecouter, une epicerie, les levres, des etoiles, un probleme, une reponse, une idee, une vipere, ecrire, une soupiere.

... / 10

45 **Écris ces mots en ajoutant les accents aigus (é) ou circonflexes (ê).**

une peche, une echarpe en soie, de la fumee, la fenetre, un pieton, un pecheur à la ligne, un ecriteau, beler, une reunion, une arete de poisson.

... / 10

▶ **46** **Ajoute les dix accents aigus (é) ou graves (è) qui manquent.**

la rosee du matin, la puree, un siege, le cours elementaire, un piege, une bonne memoire, un chien fidele, la riviere, une matiere importante.

... / 10

PAR ♥

| un **mé**tier | un liè vre | un zè bre | une lè vre | une bê te |
| la **mé**moire | un frè re | une sorci**è**re | être n**é** | bê ler |

41

17 un accent ou pas d'accent

OBSERVE

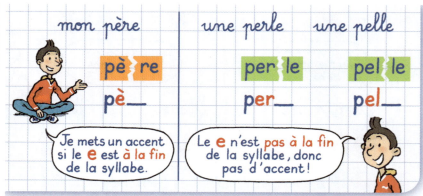

RETIENS

- Il y a **un accent** seulement si le **e** est **à la fin de la syllabe** : *pè-re*.
- Quand un **e** qui **se prononce « è »** n'est pas à la fin de la syllabe, il n'a pas d'accent : *per-le*.
- Quand un **e** est **suivi d'une consonne double**, il n'a pas d'accent : *pel-le*.

47 **Attache les syllabes et ajoute les accents, si c'est nécessaire.**

un ad-jec-tif, une pie-ce, une ron-del-le, un spec-ta-teur, c'est mo-der-ne, un lie-vre, fer-mer, des lu-net-tes, tra-ver-ser, du tre-fle.

… /10

48 **Attache les syllabes et ajoute les accents, si c'est nécessaire.**

des vio-let-tes, une sor-cie-re, une cou-ver-tu-re, son pe-re et sa me-re, pres-que, le troi-sie-me, a-vec, mer-ci, une che-vre.

… /10

▶ **49** **Complète par è ou e.**

mademois…lle, enf…rmer, un z…bre, une mou…tte, mon fr…re, d…rri…re moi, une figue s…che, des sem…lles, un ch…f, le dixi…me.

… /10

PAR ♥ direct   pêcher   l'h**e**rbe   un m**e**rle
directement   un pêcheur   m**e**rcredi   une merv**ei**lle

42

RÈGLES

18 les noms terminés par **-eur**

OBSERVE

le chanteur   la chaleur

le _____eur   la _____eur

MASCULIN   **FÉMININ**

⚠ sauf : le beurre   ⚠ sauf : une heure , une demeure

⚠ _œur : le cœur   ⚠ _œur : une sœur

RETIENS

■ Tous les noms terminés par le son « eur » s'écrivent **eur** : *le chanteur, la chaleur.* Sauf : *une heure, une demeure, le beurre.*

■ Ces mots s'écrivent **œur** : *une sœur, un cœur.*

---

50 **Écris ces mots en ajoutant le ou la.**

sueur, spectateur, largeur, directeur, facteur, chaleur, peur, douleur, visiteur, promeneur. ... /10

51 **Complète ces noms en t'aidant du tableau ci-dessus.**

un vol..., une fl..., un voyag..., sa s..., un chass..., une lu..., une longu..., la blanch..., du b..., une coul... . ... /10

52 **Complète ces noms en t'aidant du tableau ci-dessus.**

la val..., une od..., le c..., un vend..., un min..., la gross..., une dem..., la profond..., une h..., la vap... . ... /10

▶**53** **Trouve les noms en -eur qui correspondent à ces mots.**

Ex. : *doux →* la douceur ; *chanter →* un chanteur.

pêcher, livrer, grand, jouer, blanc, mentir, fraîche, ramer, louer, tricher. ... /10

PAR ♥

un moteur	grandir	la haut**eur**	acheter
un éleveur	la grand**eur**	une lu**eur**	un acheteur

43

19 les noms terminés par -ie

OBSERVE

FÉMININ	MASCULIN	⚠
une pie	un canari	_i
la pluie	un fruit	_it
une sortie	un nid	_id
une ___ie	un radis	_is
	le prix	_ix
	le persil	_il

⚠ sauf : la nuit, une souris, une brebis, une fourmi, une perdrix.

(un outil, un fusil)

RETIENS

■ Les noms féminins terminés par le son « i » s'écrivent **ie**, comme *la pluie*. Sauf : *la nuit, une souris, une brebis, une fourmi, une perdrix*.

■ Au masculin, les noms terminés par le son « i » s'écrivent **i** *(un canari)* ou **i** suivi d'une consonne muette *(un fruit, un nid, un radis…)*.

54 **Complète les noms par i ou ie.**

une sort…, le mercred…, une sonner…, son mar…, pousser un cr…, une boug…, la première part…, marquer un pl…, un rôt…, une sucrer… .

… /10

55 **Complète ces noms en t'aidant du tableau ci-dessus.**

un rad…, du pers…, une fol…, un n… d'oiseau, un animal de compagn…, une fourm… rouge, la m… du pain, un out… de jardin, la mair… du village, une cop… .

… /10

▶**56** **Trouve les noms terminés par -ie correspondant à ces définitions.**

a. C'est la maison des chevaux.
b. C'est le contraire de la santé.
c. On y vend du pain.
d. On y vend des livres.
e. Très grand pré où les animaux broutent.

… /5

PAR ♥

un frui**t**	un ni**d**	une épicer**ie**	la prair**ie**
la nui**t**	un radi**s**	une ménager**ie**	la plu**ie**
mi**nuit**	une mine	une machine	la fol**ie**

44

20 les noms terminés par -er et -ier

OBSERVE

un boucher — un ____er
un caissier — un ____ier
une cerise, un cerisier — un ____ier
une bouchère
une caissière

RETIENS

- Des noms se terminent par **-er** ou **-ier** : *un verger, un cerisier*.
- Certains noms ont un féminin en **-ère** ou **-ière** : *un boucher, une bouchère ; un caissier, une caissière*.

57 **Complète par er ou ier.**

un tabl... de cuisine, une feuille de pap..., du lait ent...,
un roch..., un quart..., le soup..., être droit... ou gauch...,
arriver le prem..., partir le dern... . ... /10

58 **Sur quoi poussent ces fruits ou ces fleurs ?**

Ex. : *les cerises* → *sur un cerisier.*

les fraises, les pommes, les bananes, les oranges, les pêches,
les framboises, les abricots, les poires, les olives, les roses.
... /10

59 **Écris le nom en er ou ier qui correspond à chaque question.**

Ex. : *Qui est à la caisse ?* → *Le caissier.*

Qui est à la ferme ?	...	*Qui est* au jardin ?	...
à la cuisine ?	...	à la boulangerie ?	...
en prison ?	...	à la pâtisserie ?	...
à la banque ?	...	à l'épicerie ?	...
à l'école ?	...	à l'infirmerie ?	...

... /10

PAR ♥

le bouch**er**	un pan**ier**	un ouvr**ier**	le soup**er**
le boulang**er**	le pap**ier**	un sucr**ier**	une soup**ière**

21 les mots avec **onn**

OBSERVE

⚠ sauf : -one pour les mots avec **phone**.

RETIENS

- Les mots qui s'écrivent avec **onn** correspondent en général à un mot terminé par **-on** : *une lionne, un lion*.
- Les mots qui ont le son « fone » s'écrivent **phone** : *le téléphone*.

60 Écris les mots terminés par **-on** qui correspondent aux mots contenant **-onn-**.

Ex. : *une lionne* → *un li**on***.

une rue piétonne, un prisonnier, une poissonnerie, une camionnette, une boutonnière, un citronnier, un dindonneau, la maçonnerie, une oursonne, pardonner.

... /10

61 Complète par **on** ou par **onn**.

une mais...ette, un téléph...e mobile, la patr...e, une s...erie bruyante, l'interph...e de l'immeuble, questi...er, la ph...étique, une sav...ette, un dictaph...e, le champi...at.

... /10

62 Complète, puis écris le mot en **-on** correspondant.

Ex. : *un wago...et* → *un wago**nn**et, un **wagon***.

bo...e, polisso...e, migno...e, raiso...able, le carto...age, une chanso...ette, un rayo...age, tampo...er, l'espio...age, frisso...er.

... /10

PAR ♥

do**nn**er	so**nn**er	le spo**r**t	une tr**esse**
un tabl**ier**	une so**nn**erie	un spo**r**tif	la vit**esse**
un poir**ier**	un si**gn**e	la su**eur**	la rich**esse**

46

22 la ponctuation

OBSERVE

RETIENS

- La phrase se termine par **un point**. Après, on écrit toujours **une majuscule**.
- Quand on pose une question, on met **un point d'interrogation**.
- Quand on s'exclame, on met **un point d'exclamation**.
- Dans une phrase, quand on s'arrête un peu, on met **une virgule**.

63 Remplace chaque rond bleu par un signe de ponctuation.

– Julie • viens vite • crie Papa • J'ai apporté une surprise •
– Qu'est-ce que c'est •
– Devine • Il a quatre pattes • de la fourrure • des moustaches et…
– C'est un chat • Est-ce que j'ai trouvé •   … /10

64 Remplace chaque rond bleu par un signe de ponctuation.

– Attention • L'avion va décoller • Avez-vous bien attaché vos ceintures •
– Oui • répond Alexandre •
Son cœur bat • C'est la première fois qu'il prend l'avion •
Et toi • À sa place • n'aurais-tu pas un peu peur •   … /10

PAR ♥

| le rivage | une vir**gu**le | peur**eux** | fort |
| une rivi**ère** | une surpri**s**e | nua**geux** | forte**ment** |

47

23 les lettres finales muettes

OBSERVE

grandir
agrandir
grandeur
grande
grand
↑
lettre muette

une poterie
un pot
↑
lettre muette

Elle est heureuse.
Il est heureux.
↑
lettre muette

RETIENS

■ Les mots forment des familles : *grand, grande, grandir, grandeur, agrandir...*

■ Un mot de la même famille fait parfois entendre une lettre muette : *poterie* et *pot, heureuse* et *heureux*.

65 Complète l'adjectif masculin après avoir trouvé l'adjectif féminin qui lui correspond.

Ex. : *ronde → ron... : ronde et rond*.

ron**de**	froi...	haute	gro...
forte	ron...	grosse	lon...
basse	blan...	franche	hau...
lourde	for...	grise	fran...
froide	ba...	longue	gri...
blanche	lour...		

... /10

66 Complète l'adjectif masculin après avoir trouvé l'adjectif féminin qui lui correspond.

chau**de**	ver...	parfaite	cui...
adroite	chau...	bonne	gran...
grasse	adroi...	cuite	so...
verte	gra...	grande	bo...
ouverte	ouver...	sotte	parfai...

... /10

RÈGLES

67 **Complète les noms qui correspondent aux verbes.**

regarder, le regar... • chanter, un chan... • sauter, un sau... • camper, un cam... • ventiler, le ven... • monter, un mon... • entasser, un ta... • tricoter, un trico... • retarder, le retar... • bavarder, un bavar... .   ... /10

68 **Complète par la bonne lettre muette.**

une bordure, le bor... • le dentiste, une den... • un arbre fruitier, un frui... • un dossier, le do... . • une rondelle, un ron... • une sottise, il est so... • le laitier, du lai... • la toiture, le toi... • le troisième, troi... • un raton, un ra... .   ... /10

69 **Écris ces adjectifs deux par deux en les complétant au masculin ou au féminin.**

Ex. : *peur...* → *peureux* : *peureuse* et *peureux*.

peur...	joyeux	courag...	génér...
délicieuse	délici...	danger...	fril...
silencieuse	*peureux*	frileuse	courageux
joy...	soign...	généreuse	nerveux
nombr...	silenci...	nerv...	dangereux
soigneuse	nombreux		

... /10

70 **Complète par la bonne lettre muette.**

un plateau, un pla... • embrasser, un bra... • raser, couper à ra... • un sportif, le spor... • de la marchandise, un marchan... • c'est enfantin, un enfan... • un paysan, le pay... • une biscuiterie, un biscui... • un abricotier, un abrico... • un renardeau, un renar... .   ... /10

PAR ♥   la gra**mm**aire   adroi**t**   dou**x**, dou**ce**
         le vocabulaire   adroite**ment**   douloure**ux**
         le m**aî**tre   un ora**ge**   vi**f**, vi**ve**
         la m**aî**tresse   ora**geux**   vive**ment**

24 les homonymes

OBSERVE

> un pin — les mêmes sons — un pain
>
> des choses différentes →
>
> un pin parasol ← des mots différents → un pain de campagne

RETIENS

■ **Les homonymes** sont des mots qui **se prononcent de la même façon**, mais qui n'ont **pas le même sens** et qui n'ont **pas la même orthographe** : *le pin* est un arbre et *le pain* se mange.

---

71 Complète les phrases avec les mots écrits en gras.

un **point**
le **poing**
■ Serrez bien le ... . ● À la fin de la phrase, je mets un ... . ● Il a reçu un coup de ... .

une **dent**
dans
■ J'ai une ... qui pousse. ● Mets ton mouchoir ... ta poche.

cuire
du **cuir**
■ Son cartable est en ... . ● Faisons ... le rôti. ● C'est un poulet prêt à ... .

le **pouce**
il **pousse**
■ Je ... la porte pour l'ouvrir. ● Mon petit frère suce son ... .

... / 10

72 Complète les phrases avec les mots écrits en gras.

une **aile**
elle
■ C'est ... qui me l'a dit. ● Veux-tu une cuisse de poulet ou une ... ?

la **boue**
le **bout**
■ Attention ! Ne mets pas de la ... sur le tapis. ● Tiens le ... du bâton.

50

RÈGLES

un **chant**	■ J'ai entendu le ... du coucou. • Il a ramassé
un **champ**	beaucoup de champignons dans ce ... .

la **peau**	■ Elle sert le jus de fruit dans un grand ... . •
un **pot**	Enlève la ... de la pêche avant de la manger.

en **haut**	■ L'... est en train de bouillir. • Les plats sont
l'**eau**	rangés en ... du placard. ... /10

73 Complète les phrases avec les mots écrits en gras.

un **mois**	■ Toi, tu es un garçon, et ... je suis une fille. •
moi	Janvier est le premier ... de l'année.

un **nom**	■ En veux-tu ? ... . • Mon prénom est Pierre,
non	mon ... est Martin.

le **col**	■ Ferme ton ... de chemise. • Cette ... est
la **colle**	très forte.

un **coq**	■ Maman a fait cuire des œufs à la ... . •
une **coque**	De bon matin, le ... a chanté.

une **paire**	■ J'ai besoin d'une ... de ciseaux. • Son ...
le **père**	et sa mère sont absents. ... /10

74 Complète les phrases avec les mots écrits en gras.

toi	■ Notre maison a un ... de tuiles claires. •
un **toit**	Qu'est-ce que tu en penses, ... ?

mai	■ Parle, ... ne crie pas ! • J'aime beaucoup
mais	le mois de ... .

le **cou**	■ On a entendu un ... frappé à la porte. •
un **coup**	Le ... est une partie du corps.

la **mer**	■ Son père et sa ... travaillent dans la même
ma **mère**	usine. • Je préfère la ... à la montagne.

la **pâte**	■ Le pâtissier réussit bien la ... à tarte. •
la **patte**	Mon chien s'est fait mal à une ... . /10

PAR ♥

un on**c**le	la **f**i**n**, finir	le fi**l**s	un p**o**t en fer
une **ta**n**te**	la **da**te du jour	la fille	l'eau, la mer

51

25 les mots invariables

OBSERVE

RETIENS

- Un mot **invariable** n'a pas de féminin ni de pluriel. Il ne change jamais d'orthographe.

75 Complète les phrases avec les mots sur fond bleu.

PAR ♥ puis / depuis / sans / sous / dessous

- Elle est sortie ... parapluie. • Le chat a couru se cacher ... le lit. • Il se lève, ... il va se laver. • Où l'as-tu mis ? Dessus ou ... ? • Tu as grandi ... l'an passé.

PAR ♥ en / enfin / encore / entre / ensuite

- L'assiette se trouve ... le couteau et la fourchette. • Je termine ce travail, ... je t'aiderai à finir le tien. • L'hôtel est juste ... face de la gare. • Le beau temps est ... revenu ! • Puis-je prendre ... un gâteau ?

... /10

76 Complète les phrases avec les mots sur fond bleu.

PAR ♥ bien / combien / loin / quoi / pourquoi

- J'aime ... le cirque. • ... ne sais-tu pas ta poésie ? • Ils habitent très ... de chez moi. • ... veux-tu de crayons de couleur ? • À ... pensez-vous ?

RÈGLES

| PAR ♥ | avant
devant
pendant
pourtant
maintenant | ■ Il s'arrêta … la maison. • Je n'ai pas compris, … j'ai bien écouté la leçon. • J'ai répondu … toi. • C'est au tour de mon frère, … . • On l'a attendu … une heure. |

… / 10

77 **Complète les phrases avec les mots sur fond bleu.**

| PAR ♥ | chaque
puisque
lorsque
presque
jusqu'à | ■ … tu arriveras, tu sonneras. • Elle réussit … toujours. • … matin, je fais mon lit. • Je veux bien … je te l'ai promis. • Nous resterons … demain. |

| PAR ♥ | aussi
surtout
partout
souvent
comment | ■ Moi …, je veux une tartine. • … faut-il faire ? • Et …, n'oublie pas les clés ! • Je pense … à mes grands-parents. • Ne me suis pas …, comme un petit chien. |

… / 10

78 **Complète les phrases avec les mots sur fond bleu.**

| PAR ♥ | ici
voici
autre
autour
derrière | ■ … ma tortue. • C'est … que j'habite. • Alignez-vous les uns … les autres. • Je te prête ce stylo, j'en ai un … . • Ne tourne pas … de moi ! |

| PAR ♥ | hier
avant-hier
aujourd'hui
demain
après-demain | ■ …, nous sommes mardi.
…, c'était lundi.
…, c'était dimanche.
…, ce sera mercredi.
…, ce sera jeudi. |

… / 10

PAR ♥

en bas	une pie	chacun	recopier
en haut	une oie	demi	recouper
au lieu de	la joie	double	recoudre

53

26 les nombres

OBSERVE

RETIENS

- **Les nombres** s'écrivent avec des mots **invariables**.
- On relie les nombres plus petits que cent par **et** ou par **un tiret** : *vingt et un, vingt-deux*.

79 Écris ces nombres en lettres.
3, 4, 5, 6, 7, 8, 9, 10, 11, 12.
... /10

80 Écris en lettres le résultat de ces additions.
Ex. : *7 + 2 + 1 + 6 = ...* → *7 + 2 + 1 + 6 = **seize**.*

a. 2 + 6 + 3 + 2 = ...
b. 5 + 7 + 4 + 1 = ...
c. 8 + 3 + 2 + 6 = ...
d. 5 + 5 + 5 + 3 + 3 = ...
e. 20 + 8 + 10 + 3 + 1 = ...
... /5

81 Écris en lettres les nombres qui sont dans ces phrases.
La majorité est à 18 ans. • On paie demi-tarif après 60 ans. • Pour la fête, j'ai vendu 41 billets. • La sœur de Bastien aura 23 ans demain, la mienne en aura 14. • Il y a 24 œufs dans deux douzaines d'œufs. • Le résultat est 0 ! • Au mariage de Lyne, nous serons 55. • Il y a 15 joueurs dans une équipe de rugby, ce qui fait 30 joueurs sur le terrain.
... /10

PAR ♥
| quatre pa**tt**es | cinq | **z**éro | une uni**té** | un menu |
| le nombre di**x** | neuf | dou**z**e | un groupe | une od**eur** |

27 les mots terminés par -**ment**

RÈGLES

OBSERVE

long → longue → longue**ment**
rare → rare → rare**ment**

___ + ment

ADJECTIF MASCULIN   **ADJECTIF FÉMININ**   **ADVERBE** (INVARIABLE)

RETIENS

■ Les mots terminés par **-ment** formés à partir d'un adjectif
sont **invariables**. Ce sont des **adverbes** : *longuement*
(adjectif : *long* ; adjectif au féminin : *longue*).

82 **Recopie les adverbes en -ment qui sont dans ces phrases.**

Ils achètent rarement du raisin. • Ces gens nous regardent
curieusement. • Les voyageurs agitaient vaguement
la main. • J'aime quand tu joues calmement. • Elles ferment
toujours la porte doucement.   ... / 10

83 **Écris les adjectifs correspondant à ces adverbes.**

Ex. : *longuement* → **long, longue**.

librement, chaudement, proprement, adroitement, rarement,
fortement, solidement, parfaitement, tristement, largement.   ... / 10

▶ **84** **Parmi ces mots, il y a cinq noms et cinq adverbes. Écris-les
en deux colonnes en ajoutant un ou une avant les noms.**

heureusement, moment, péniblement, joyeusement, jument,
compliment, délicatement, mouvement, courageusement,
instrument.   ... / 10

PAR ♥

rare**ment**   triste**ment**   un bid**on**   un castor
propre**ment**   solide**ment**   un drag**on**   un chat**on**

55

28 et / est

- **et** réunit deux mots, deux expressions ou deux phrases.
- **est**, c'est le verbe **être** à la 3ᵉ personne du singulier du présent : *il est, elle est, on est.*
  Il peut être conjugué avec un verbe : *il est réparé.*

85 **Pour chaque phrase, écris l'expression construite avec être.**
Ex. : *Ce lit est solide* → **être solide**.

Son bureau est fermé. • Ta jupe est tachée. • Il est revenu lundi. • Votre purée est bonne. • Le billet est gratuit.

... /5

86 **Complète ces phrases par et ou est.**
- La table ... les chaises sont neuves. La table ... jolie.
- Théo ... au cours élémentaire. Théo ... Rachida bavardent.
- J'ai apporté des bananes ... du raisin. Le raisin ... sucré.
- Il aime la lecture ... l'écriture. La lecture ... terminée.
- Mon chien ... très gentil. Mon chien ... mon chat jouent.

... /10

▶87 **Complète ces phrases par et ou est.**
Mange ta viande ... ta purée. • Le cèdre ... un arbre. • ...-il trop tard ? • Cette nappe ... belle ... pratique. • L'escalier ... étroit ... un peu raide. • La plage n'... pas propre. • Le moteur ... les freins sont neufs. • Ferme la porte ... les volets.

... /10

PAR ♥
| une **p**a**i**re | tenir | vider | un ti**tre** | plan**t**er |
| une **pl**a**i**ne | une ten**ue** | vide | une **tr**anche | un pique**t** |

29 a / à

OBSERVE

Julie a un avion.
Il a volé.

avoir un avion
avoir volé

Ils vont à la fête.
à huit heures

Où ? à la fête
Quand ? à huit heures

RETIENS

- **a** (sans accent), c'est le verbe **avoir** à la 3ᵉ personne du singulier du présent : *il a, elle a, on a*.
Il peut être conjugué avec un verbe : *il a volé*.

- **à** (avec un accent grave) est un petit mot **invariable**.

88 **Pour chaque phrase, écris l'expression construite avec avoir.**

Ex. : *Julie a un avion.* → ***avoir un avion.***

Ce bateau a deux voiles. • Axel a des jouets. • On a coupé le pain. • La poire a des pépins. • Ce chat a soif. • Mon voisin a des lapins. • On a marqué un but. • Ce tablier a une poche. • Il a poussé un cri. • Nadine a verni le portail. … /10

89 **Remplace les mots *en italique* par a ou à.**

Capucine *avait* trop mangé. • Papa travaille *pour* la banque. • Elles jouent *avec* la balle. • On *avait* ajouté du sel. • L'araignée *possède* huit pattes. • Il réclame *de quoi* boire. • La cane *aura* pondu ses œufs. • Voilà un piège *pour* souris. • Il part *vers* six heures. • On *avait* vu un lion. … /10

▶ 90 **Complète ces phrases par a ou à.**

Le canard … un bec plat. • …-t-il lavé sa voiture ? • C'est un bateau … vapeur. • Je pense souvent … Katia. • Grand-mère n' … pas pelé les pommes. • … l'école, on … appris … grimper … la corde. • …-t-elle préparé le voyage ? … /10

30 son / sont

OBSERVE

un âne

C'est son âne.

C'est le sien.

son **NOM**

Tous les deux,
ils sont contents.

être content

ils
elles sont
ÊTRE

RETIENS

- **son** accompagne toujours un nom au singulier. Il veut dire **le sien** : *son âne*.
- **sont**, c'est le verbe **être** à la 3e personne du pluriel au présent de l'indicatif : *Ils sont contents*.

91 **Remplace son par un ou une.**

son pantalon, son regard, son aile, son nom, son ardoise, son oncle, son tableau, son garage, son métier, son idée.

... / 10

92 **Pour chaque phrase, écris l'expression construite avec être.**
Ex. : *Ils sont contents* → ***être contents.***

Ils sont arrivés. • Les voitures sont au parking. • Les pâtes sont cuites. • Ces rivières sont claires. • Ces rats sont gros. • Les nuits sont fraîches. • Mes semelles sont usées. • Les loups sont rares. • Ils sont à l'école. • Elles sont là. ... / 10

▶ **93** **Complète ces phrases par son ou sont.**

Elle aime ... chien. • ... autobus a du retard. • Les clous ... rangés dans le tiroir. • Les directeurs ... en réunion. • Ces fruits ne ... pas lavés. • Le soir, il garde ... frère. • Elle préfère ... écharpe rouge. • Les magasins ... fermés. • Bébé réclame ... biberon. • Les merles ... des oiseaux noirs. ... / 10

PAR ♥

rare	une asper**ge**	une bo**tte**	une **é**charpe
pro**pre**	un ouvra**ge**	une bo**tt**ine	une **é**pingle

58

31 ou / où

RÈGLES

OBSERVE

ou

Je voudrais une guitare **ou** un violon.

ou bien

Où va-t-il ?

À quel endroit ?

RETIENS

■ **ou** (sans accent) marque un choix entre deux choses, deux personnes ou deux animaux : *une guitare **ou** un violon*.

■ **où** (avec un accent grave) exprime une idée de lieu.
Où va-t-il ? veut dire : *À quel endroit va-t-il ?*

---

94 **Complète par ou ou bien par où.**

Ex. : *... est ta casquette ?* → *Où est ta casquette ?*

des livres ... des disques
... veux-tu aller ?
des bonbons ... un gâteau
Je devine ... il est parti.
une pioche ... une pelle

un chaton ... un petit chien
D'... vient-elle ?
... est votre garage ?
Bois du lait ... de l'eau.
J'écrirai ... je téléphonerai.

... / 10

95 **Remplace ce qui est *en italique* par ou ou par où.**

Il devait répondre : vrai *ou bien* faux. • *Dans quelle maison* se sont-ils installés ? • J'hésite : cette veste *ou bien* ce blouson ? • Iras-tu à Nantes en train *ou bien* en voiture ? • Je sais *à quel endroit* ils se cachent.

... / 5

▶ **96** **Complète ces phrases par ou ou bien par où.**

Préfères-tu rester avec maman ... aller faire les courses avec papa ? • Dis-moi ... tu as acheté ce jeu. • Nous irons à la mer ... à la montagne. • C'est le quartier ... je suis né. • ... as-tu trouvé ces feutres ?

... / 5

59

32   ce, cet, cette, ces

OBSERVE

> Je montre ce papillon.

un papillon
ce papillon

un insecte
cet insecte

une rose
cette rose

des fleurs
ces fleurs

un
ce
cet   **NOM**

une
cette   **NOM**

des
ces   **NOM s**

RETIENS

■ **ce**, **cet**, **cette** et **ces** expriment l'idée de montrer.

■ Après **ce** et **cet**, le nom est masculin singulier : *ce papillon*, *cet insecte*.

■ Après **cette**, le nom est féminin singulier : *cette rose*.

■ Après **ces**, le nom est au pluriel : *ces fleurs*.

---

97   **Remplace un, une, des par ce, cette ou ces.**

Ex. : *un papillon* → ***ce** papillon*.

une abeille, des jouets, un banc, des gilets, des miettes, une place, un trésor, une vitrine, des fenêtres, un litre.

... / 10

98   **Remplace un et une par cet ou cette.**

Ex. : *un insecte* → ***cet** insecte*.

une idée, un abricot, un âne, une autruche, une histoire, un homme, un ouvrier, une échelle, un escalier, une oreille.

... / 10

▶ **99**   **Complète ces phrases par ce, cet, cette ou ces.**

... étoile brille beaucoup. ● ... gardiens sont sérieux. ●
Ferme ... robinet. ● ... escargot s'est promené sur la vitre. ●
Je choisis ... veste. ● Comme ... garçon est gentil ! ●
... violettes sont jolies dans ... vase. ● Suce ... pastille
pour la gorge. ● Il a fait très froid ... hiver.

... / 10

60

33 ces / ses

OBSERVE

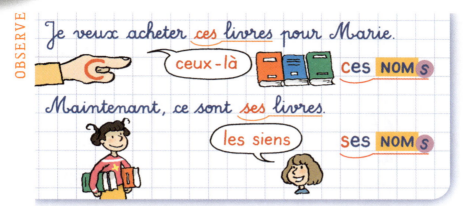

RETIENS

- **ces** exprime l'idée de montrer. C'est le pluriel de **ce**, **cet**, **cette**.
- **ses** exprime l'idée de posséder. C'est le pluriel de **son** ou de **sa**.

100 **Remplace ce, cet et cette par ces, puis accorde le nom.**
Ex. : *ce livre* → ***ces** livres*.

cette fenêtre, ce village, cet orage, cette abeille, ce menu, ce film, cette chenille, ce magasin, cet avion, ce pays.
... /10

101 **Remplace son et sa par ses, puis accorde le nom.**
Ex. : *son cahier* → ***ses** cahiers*.

sa raquette, son pied, son poisson, sa leçon, sa fille, son fils, son ourson, sa machine, sa réunion, son problème.
... /10

▶ 102 **Complète ces phrases par ces ou ses.**

J'aime le raisin mais pas ... pépins. • Jette ... miettes aux moineaux. • Il m'a présenté à ... amis. • ... majuscules sont difficiles à tracer. • Jean a retrouvé ... copains. • Toutes ... odeurs de fleurs sont agréables. • Mon chat n'aime pas qu'on touche à ... moustaches. • Regarde ... étoiles comme elles brillent. • Il prête ... jouets à ... sœurs.
... /10

PAR ♥
une rai**e**	le regar**d**	un pla**t**	le r**ai**sin
une rou**e**	un pie**d**	la v**ian**de	le pl**ai**sir

61

34 ce / se

OBSERVE

RETIENS

- **ce** fait partie d'un groupe du nom. Il accompagne un nom masculin singulier. Il exprime l'idée de montrer : *ce jouet*.
- **se** fait partie d'un verbe. Dans *il se lave*, il y a le verbe *se laver*.

103 **Remplace un par ce.**

un bâton, un dessin, un castor, un pêcheur, un lavabo, un nombre, un nid, un vase, un poirier, un piquet.

... /10

104 **Pour chaque phrase, écris le verbe avec se.**

Ex. : *Arthur se lave.* → ***se laver.***

Les enfants se cachent. • Les chats se fatiguent vite. • Il se lève tôt. • Elle se moque de lui. • Il se croit fort. • Maman ne se trompe pas. • Il se tient droit. • Cette voiture se vend bien. • On se sauve en courant. • Les élèves se disputent.

... /10

105 **Complète ces phrases par ce ou se.**

Il ... perd toujours. • ... plat est en argent. • Répare vite ... robinet. • Elle ... rend à Lille en voiture. • Le boxeur ... relève. • Elle ... tourne vers eux. • Il dit que ... trésor est à lui. • Ils ... rappellent leurs vacances. • Mon oncle ... réveille à six heures. • Qui a creusé ... grand trou ?

... /10

35 se, s'est

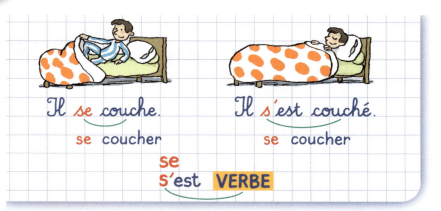

se fait partie d'un verbe. Dans *il se couche*, il y a le verbe *se coucher*.

s'est fait aussi partie d'un verbe. On retrouve **se** (ou **s'**) en cherchant l'infinitif. Dans *il s'est couché*, il y a le verbe *se coucher*.

106 **Écris les verbes de ces phrases à l'infinitif.**
Ex. : *Il s'est couché.* → ***se coucher***.

Elle s'est levée tard.
Ma sœur s'est mariée.
On s'est mis au travail.
Il s'est promené seul.
Bébé s'est endormi.

Il s'est rendu utile.
Elle s'est vite relevée.
Il s'est penché par la fenêtre.
L'âne s'est approché de moi.
Le robot s'est dirigé vers lui.

... /10

107 **Cherche le verbe de chaque phrase, puis écris-le à l'infinitif.**
Le chat s'est lancé à sa poursuite. • Clara s'est reposée un moment. • Cela s'est produit vers minuit. • Il ne s'est pas trompé. • Manon s'est bien amusée. • Le pigeon s'est envolé du balcon. • Le nouveau maître s'est présenté à la classe. • Il s'est rendu à son travail à pied. • Marie ne s'est pas encore coiffée. • On s'est assis sur un banc.

... /10

rencontrer   répondre   une ban**que**   une **s**o**mm**e
une rencontre une répon**se** une pla**que**   une go**mm**e

36   c'est / cet, cette

OBSERVE

cet arbre   C'est un sapin.

cette maison   C'est un chalet.

cet / cette **NOM**   c'est **NOM**

RETIENS

■ **c'est** est suivi d'un groupe du nom qui commence par un déterminant : *c'est un sapin, c'est un chalet.*

■ **cet** et **cette** font partie du groupe du nom : *cet arbre, cette maison.*

108 **Complète par cet, cette ou c'est.**

... animal	... fusée	... ma voiture
... un animal	... une fusée	... sa couverture
... une fleur	... couverture	
... fleur	... voiture	... /10

109 **Complète par cet, cette ou c'est.**

... ma mère ● ... machine ● ... âne ● ... la cuisine ● ... tache ●
... ouvrier ● ... un écolier ● ... un lapin ● ... chapelle ●
... son oncle.   ... /10

▶ **110** **Complète ces phrases par cet, cette ou c'est.**

Elle travaille dans ... boutique. ● Attention à ... escalier ! ●
... un temps orageux. ● ... salière est vide. ● ... homme est
son père. ● ... personne m'a aidé. ● ... un bonnet de bain. ●
... lettre m'appartient. ● Demain, ... la fête ! ● Je crois que
... un aigle.   ... /10

PAR ♥

une vitre	une matière	une **br**ioche	de la p**ein**e
une vit**rin**e	un si**èg**e	une pierre	une corb**eill**e

64

CORRIGÉS

Règle 3 page 28

7 sot, peureux, fort, adroit, bleu, dur, chaud, douloureux, sportif, vieux ■ **8** un temps magnifique • ce virage est dangereux • l'herbe est haute • il est fou • la belle histoire du vilain petit canard • un vélo neuf • un chat noir à poils longs ■ **9** est trop gras • le plus jeune • un outil très pratique • l'avion était invisible • en parfaite santé • tu es légère • la peau douce • il est fragile • ma grande sœur est frileuse.

Règle 4 page 29

10 Léna **le** regarde → le lapin • Les enfants **la** voient → la lune • Maman **les** presse → les oranges • Hugo **les** appelle → ses copains • Le chien **l'**a coupée → la corde • On **l'**étend → le linge • Papa **l'**a réglé → le réveil • Lucas **les** regarde → les maçons • Magali **les** brosse → ses cheveux • Alicia **l'**aide → sa mère ■ **11** Il m'a donné un livre. • Vous m'avez fait peur. • Elle secoue la tête. • Elle m'a prêté un disque. • Elles achètent des radis. • Je t'écoute. • On s'amuse bien. • Il s'endort vite. • Je l'ai vu. • On lèche une glace.

Règle 5 page 30

12 Margaux n'est pas sotte. • Je n'ai plus de pièces. • Il ne veut rien. • Mon frère n'a jamais peur. • On ne grandit pas vite. ■ **13** Il ne vient pas. • Elle n'est pas là. • Il ne pleut plus. • Je n'ai pas froid. • La tortue n'est pas rapide. • Je n'aime pas le riz. • On n'a pas fini. • Elle n'oublie rien. • Tu n'écoutes jamais. • Il n'est pas tombé. ■ **14** Il **ne** prend **pas** son ours. • L'oiseau **ne** s'échappe **pas** de sa cage. • Elle **n'**enferme **pas** ses poules. • On **n'**apporte **pas** ses jouets à l'école. • Je **n'**échange **pas** une image contre deux billes. • Tu **n'**ouvres **pas** la porte. • Papa **n'**achète **pas** le pain. • Tu **n'**utilises **pas** des craies ? • Je **n'**aime **pas** les bananes. • Je **n'**ai **pas** beaucoup d'amis.

Règle 6 page 31

15 Vous avez déjeuné. • Tu veux des feutres. • Il porte un chapeau. • Elle aime les frites. • On marquera un but. • Nous mettrons une veste et des bottes. • Il choisira ce métier. • Elle a une sœur. • On apprend cette leçon. • Elle est contente. ■ **16** Iras-tu à la fête ? • Est-elle jolie ? • Es-tu grand ? • A-t-il une auto ? • Ce couteau coupe-t-il ? • Pilote-t-il un avion ? • Soulèverez-vous ce sac ? • Sortira-t-elle bientôt ? • Parlent-ils en classe ? • Combien as-tu de frères ?

Règle 7 page 32

17 le mat**in**, un ch**ien**, un magas**in**, un dess**in**, c'est b**ien**, c'est anc**ien**, des pép**in**s, un chem**in**, un magic**ien**, un jard**in** ■ **18** un music**ien**, c'est le t**ien**, du rais**in**, un coméd**ien**, un bass**in**, mascul**in**, fém**in**in, un chirurg**ien**, un moul**in**, un requ**in** ■ **19** le fr**ein** • le gard**ien** • le m**ien** • le carton est pl**ein** • il a mal aux r**ein**s • comb**ien** • ét**ein**s la lumière • non, je ne veux r**ien** • elle v**ien**dra • on va rep**ein**dre.

Règle 8 page 33

20 un porta**il**, une feu**ille**, un appare**il**, un écureu**il**, une ca**ille**, un fauteu**il**, une ore**ille**, une grenou**ille**, un conse**il**, une ma**ille** ■ **21** une ab**eille**, le sol**eil**, la bat**aille**, une corb**eille**, de la p**aille**, une éc**aille**, une bout**eille**, un rév**eil**, une merv**eille**, un trav**ail** ■ **22** une jolie méd**aille**, des nou**illes** fraîches, une feu**ille** de papier, les ra**ils** du train, de la rou**ille**, je trav**aille**, une grande t**aille**, il se mou**ille**, un chevreu**il**, il se rév**eille**.

ORTH CE2 ■ **3**

Règle 9 page 34

23 balayer • a aboyé • a envoyé • ont payé leur loyer • cours moyen • au rayon • nettoyons le four • essuyez • un crayon ■ **24** t'ennuyer • dans le foyer • a appuyé l'échelle • il voyage • un employé • Maman va essayer • quelle rue bruyante • un pull à rayures • Antoine est joyeux • de taille moyenne ■ **25** pyjama, pyramide, cyclone, mystère, syllabe, jury, cygne, cycliste, stylo, gymnastique.

Règle 10 page 35

26 une ombre, blanchir, un nombre, une rampe, une montagne, un joli tambour, une bonne réponse, compliqué, la grandeur, un tampon ■ **27** un imperméable, une fontaine, sombre, injuste, une trompette, un compagnon, grimper, la conduite, une épingle, une pompe ■ **28** impossible, une montre, tomber, incapable, important, le dentiste, un bonbon, un compliment, encore, trembler.

Règle 11 page 36

29 un boxeur, discuter, un taxi, jusqu'à, luxueux, mixte, un disque, à proximité, un masque, des fixations ■ **30** un escalier, expliquer, une estrade, un escargot, une exposition, un escabeau, à l'extérieur, l'espace, un exemple, l'estomac ■ **31** une explosion, une escalade, distribuer, des excuses, presque, un inspecteur, fixement, l'espoir, un casque, une explication.

Règle 12 page 37

32 une brosse, repasser, un trésor, le passé, une église, une ardoise, une écrevisse, dessiner, une saucisse, une chose ■ **33** des tresses, une veste, c'est usé, une division, un insecte, un bassin, une poussette, une blouse, ensuite, aussi ■ **34** majuscule, grasse, traversons, tristement, une saison pluvieuse, de chasse, une cuisson insuffisante, basse.

Règle 13 page 38

35 un légume, la langue, un magasin, des vagues, une bague, le regard, conjuguer, une virgule, une baguette, la longueur ■ **36** un cirque, un piquet, une écurie, le directeur, secouer, une raquette, de la chicorée, fabriquer, un cadre, un liquide ■ **37** à gauche, fatigué, au singulier, à la coque, des risques, un record, un groupe, chacun, naviguer, la banque.

Règle 14 page 39

38 une gerbe, un régime, il voyageait, léger, rugir, sauvage, on mangeait, de l'orangeade, un beau verger, un plongeon ■ **39** une grande pièce, effacer, une récitation, une leçon, la façade, voici, un maçon, un exercice facile, être déçu ■ **40** un remplaçant, changeant, une sorcière, un limaçon, urgent, des bourgeons, un pigeon, le cinquième, le rinçage, l'hameçon.

Règle 15 page 40

41 bavarder, domestique, un cirque, un bassin, un panier, une pierre, une bavette, l'aviation, enfantin, un balcon ■ **42** chau-de-ment, la gram-mai-re, une cou-chet-te, jan-vier, per-du, une bros-se, une bri-que, un cor-net, un ves-ton, la cuis-son ■ **43** cama-rade, (*ou* ca-marade, *ou* camara-de), ba-zar, bot-tines (*ou* botti-nes), as-perge (*ou* asper-ge), cas-tor, repren-dre (*ou* re-prendre), gom-me, trè-fle, ter-rain, mouvement (*ou* mouve-ment).

4

Règle 16 page 41

44 écouter, une épicerie, les lèvres, des étoiles, un problème, une réponse, une idée, une vipère, écrire, une soupière ■ **45** une pêche, une écharpe en soie, de la fumée, la fenêtre, un piéton, un pêcheur, un écriteau, bêler, une réunion, une arête ■ **46** la rosée, la purée, un siège, le cours élémentaire (*deux accents aigus*), un piège, une bonne mémoire, un chien fidèle, la rivière, une matière.

Règle 17 page 42

47 un adjectif, une pièce, une rondelle, un spectateur, c'est moderne, un lièvre, fermer, des lunettes, traverser, du trèfle ■ **48** des violettes, une sorcière, une couverture, son père et sa mère, presque, le troisième, avec, merci, une chèvre ■ **49** mademoiselle, enfermer, un zèbre, une mouette, mon frère, derrière moi, une figue sèche, des semelles, un chef, le dixième.

Règle 18 page 43

50 la sueur, le spectateur, la largeur, le directeur, le facteur, la chaleur, la peur, la douleur, le visiteur, le promeneur ■ **51** un voleur, une fleur, un voyageur, sa sœur, un chasseur, une lueur, une longueur, la blancheur, du beurre, une couleur ■ **52** la valeur, une odeur, le cœur, un vendeur, un mineur, la grosseur, une demeure, la profondeur, une heure, la vapeur ■ **53** un pêcheur, un livreur, la grandeur, un joueur, la blancheur, un menteur, la fraîcheur, un rameur, un loueur, un tricheur.

Règle 19 page 44

54 une sortie, le mercredi, une sonnerie, son mari, un cri, une bougie, la première partie, un pli, un rôti, une sucrerie ■ **55** un radis, du persil, une folie, un nid d'oiseau, un animal de compagnie, une fourmi, la mie du pain, un outil, la mairie, une copie ■ **56 a.** l'écurie **b.** la maladie **c.** la boulangerie **d.** la librairie **e.** la prairie.

Règle 20 page 45

57 un tablier de cuisine, une feuille de papier, du lait entier, un rocher, un quartier, le souper, être droitier ou gaucher, arriver le premier, partir le dernier ■ **58** sur un fraisier, sur un pommier, sur un bananier, sur un oranger, sur un pêcher, sur un framboisier, sur un abricotier, sur un poirier, sur un olivier, sur un rosier ■ **59** à la ferme? le fermier • à la cuisine? le cuisinier • en prison? le prisonnier • à la banque? le banquier • à l'école? l'écolier • au jardin? le jardinier • à la boulangerie? le boulanger • à la pâtisserie? le pâtissier • à l'épicerie? l'épicier • à l'infirmerie? l'infirmier.

Règle 21 page 46

60 piéton, prison, poisson, camion, bouton, citron, dindon, maçon, ourson, pardon ■ **61** une maisonnette, un téléphone mobile, la patronne, une sonnerie bruyante, l'interphone de l'immeuble, questionner, la phonétique, une savonnette, un dictaphone, le championnat ■ **62** bonne, bon • polissonne, polisson • mignonne, mignon • raisonnable, raison • le cartonnage, un carton • une chansonnette, une chanson • un rayonnage, un rayon • tamponner, un tampon • l'espionnage, un espion • frissonner, un frisson.

ORTH CE2 ■ **5**

Règle 22 page 47

63 – Julie**,** viens vite**!** crie Papa**.** J'ai apporté une surprise**.**
– Qu'est-ce que c'est**?**
– Devine**!** Il a quatre pattes**,** de la fourrure**,** des moustaches et...
– C'est un chat**.** (ou : C'est un chat**!**) Est-ce que j'ai trouvé**?**

64 – Attention**!** L'avion va décoller**.** Avez-vous bien attaché vos ceintures**?**
– Oui**,** répond Alexandre**.**
Son cœur bat**.** C'est la première fois qu'il prend l'avion**.** Et toi**?** À sa place, n'aurais-tu pas un peu peur**?**

Règle 23 page 48

65 fort**e** → for**t** • bass**e** → ba**s** • lourd**e** → lour**d** • froid**e** → froi**d** • blanch**e** → blan**c** • haut**e** → hau**t** • gross**e** → gro**s** • franch**e** → fran**c** • gris**e** → gri**s** • longu**e** → lon**g** ■ **66** chau**de** → chau**d** • adroit**e** → adroi**t** • grass**e** → gra**s** • vert**e** → ver**t** • ouvert**e** → ouver**t** • parfait**e** → parfai**t** • bonn**e** → bo**n** • cuit**e** → cui**t** • grand**e** → gran**d** • sott**e** → so**t** ■ **67** le regar**d** • un chan**t** • un sau**t** • un cam**p** • le ven**t** • un mon**t** • un ta**s** • un tricot • le retar**d** • un bavar**d** ■ **68** le bor**d** • une den**t** • un frui**t** • le do**s** • un ron**d** • il est so**t** • du lai**t** • le toi**t** • troi**s** • un ra**t** ■ **69** délicieuse et délici**eux** • silencieuse et silenci**eux** • joy**euse** et joyeux • nombr**euse** et nombreux • soigneuse et soign**eux** • courag**euse** et courageux • danger**euse** et dangereux • frileuse et fril**eux** • généreuse et génér**eux** • nerv**euse** et nerveux ■ **70** un pla**t** • un bra**s** • à ra**s** • le spor**t** • un marchan**d** • un enfan**t** • le pay**s** • un biscui**t** • un abrico**t** • un renar**d**.

Règle 24 page 50

71 serrez le **poing**, je mets un **point**, un coup de **poing** • une **dent** qui pousse, **dans** ta poche • son cartable est en **cuir**, **cuire** le rôti, un poulet prêt à **cuire** • je **pousse** la porte, mon petit frère suce son **pouce** ■ **72** c'est **elle**, une cuisse de poulet ou une **aile** • de la **boue** sur le tapis, le **bout** du bâton • le **chant** du coucou, beaucoup de champignons dans ce **champ** • dans un grand **pot**, la **peau** de la pêche • l'**eau** est en train de bouillir, en **haut** du placard ■ **73** **moi** je suis une fille, le premier **mois** de l'année • en veux-tu? **Non**, mon **nom** est Martin • ton **col** de chemise, cette **colle** est très forte • des œufs à la **coque**, le **coq** a chanté • une **paire** de ciseaux, son **père** et sa mère ■ **74** un **toit** de tuiles, qu'est-ce que tu en penses, **toi** • parle, **mais** ne crie pas, le mois de **mai** • un **coup** frappé à la porte, le **cou** est une partie du corps • son père et sa **mère**, je préfère la **mer** • la **pâte** à tarte, mal à une **patte**.

Règle 25 page 52

75 **sans** parapluie, **sous** le lit, **puis** il va, dessus ou **dessous**, **depuis** l'an passé • **entre** le couteau et la fourchette, **ensuite** je t'aiderai, **en** face de la gare, **enfin** revenu, **encore** un gâteau ■ **76** j'aime **bien**, **pourquoi** ne sais-tu pas, **loin** de chez moi, **combien** veux-tu, à **quoi** pensez-vous • **devant** la maison, **pourtant** j'ai bien écouté, **avant** toi, **maintenant**, **pendant** une heure ■ **77** **lorsque** tu arriveras, **presque** toujours, **chaque** matin, **puisque** je te l'ai promis, **jusqu'à** demain • moi **aussi**, **comment** faut-il faire, **surtout** n'oublie pas, je pense **souvent**, ne me suis pas **partout** ■ **78** **voici** ma tortue, c'est **ici** que j'habite, les uns **derrière** les autres, ce stylo, j'en ai un **autre**, **autour** de moi • **Aujourd'hui**, nous sommes mardi. **Hier**, c'était lundi. **Avant-hier**, c'était dimanche. **Demain**, ce sera mercredi. **Après-demain**, ce sera jeudi.

CORRIGÉS

Règle 26 page 54

79 trois, quatre, cinq, six, sept, huit, neuf, dix, onze, douze ▪ **80 a.** treize **b.** dix-sept **c.** dix-neuf **d.** vingt et un **e.** quarante-deux ▪ **81 dix-huit** ans • après **soixante** ans • **quarante et un** billets • **vingt-trois** ans demain, la mienne en aura **quatorze** • **vingt-quatre** œufs • **zéro** • nous serons **cinquante-cinq** • **quinze** joueurs dans une équipe, **trente** joueurs sur le terrain.

Règle 27 page 55

82 rarement • curieusement • vaguement • calmement • doucement ▪ **83** libre, chaud (chaude), propre, adroit (adroite), rare, fort (forte), solide, parfait (parfaite), triste, large ▪ **84** *Les cinq noms :* un moment, une jument, un compliment, un mouvement, un instrument • *Les cinq adverbes :* heureusement, péniblement, joyeusement, délicatement, courageusement.

Règle 28 page 56

85 être fermé • être taché (*ou* être taché**e**) • être revenu • être bon (*ou* être bon**ne**) • être gratuit ▪ **86** La table **et** les chaises sont neuves. La table **est** jolie. • Théo **est** au cours élémentaire. Théo **et** Rachida bavardent. • J'ai apporté des bananes **et** du raisin. Le raisin **est** sucré. • Il aime la lecture **et** l'écriture. La lecture **est** terminée. • Mon chien **est** très gentil. Mon chien **et** mon chat jouent. ▪ **87** Mange ta viande **et** ta purée. • Le cèdre **est** un arbre. • **Est**-il trop tard ? • Cette nappe **est** belle **et** pratique. • L'escalier **est** étroit **et** un peu raide. • La plage n'**est** pas propre. • Le moteur **et** les freins sont neufs. • Ferme la porte **et** les volets.

Règle 29 page 57

88 avoir deux voiles • avoir des jouets • avoir coupé • avoir des pépins • avoir soif • avoir des lapins • avoir marqué • avoir une poche • avoir poussé • avoir verni ▪ **89** Capucine **a** trop mangé. • Papa travaille **à** la banque. • Elles jouent **à** la balle. • On **a** ajouté du sel. • L'araignée **a** huit pattes. • Il réclame **à** boire. • La cane **a** pondu ses œufs. • Voilà un piège **à** souris. • Il part **à** six heures. • On **a** vu un lion. ▪ **90** Le canard **a** un bec plat. • **A**-t-il lavé sa voiture ? • C'est un bateau **à** vapeur. • Je pense souvent **à** Katia. • Grand-mère n'**a** pas pelé les pommes. • **À** l'école, on **a** appris **à** grimper **à** la corde. • **A**-t-elle préparé le voyage ?

Règle 30 page 58

91 un pantalon, un regard, une aile, un nom, une ardoise, un oncle, un tableau, un garage, un métier, une idée ▪ **92 être** arrivés • **être** au parking • **être** cuites • **être** claires • **être** gros • **être** fraîches • **être** usées • **être** rares • **être** à l'école • **être** là ▪ **93** Elle aime **son** chien. • **Son** autobus a du retard. • Les clous **sont** rangés dans le tiroir. • Les directeurs **sont** en réunion. • Ces fruits ne **sont** pas lavés. • Le soir, il garde **son** frère. • Elle préfère **son** écharpe rouge. • Les magasins **sont** fermés. • Bébé réclame **son** biberon. • Les merles **sont** des oiseaux noirs.

Règle 31 page 59

94 des livres **ou** des disques • **où** veux-tu aller • des bonbons **ou** un gâteau • je devine **où** il est parti • une pioche **ou** une pelle • un chaton **ou** un petit chien • d'**où** vient-elle • **où** est votre garage • bois du lait **ou** de l'eau • j'écrirai **ou** je téléphonerai ▪ **95** vrai **ou** faux • **où** se sont-ils installés • cette veste **ou** ce blouson

ORTH CE2 ▪ **7**

• en train **ou** en voiture • **où** ils se cachent ■ **96** rester avec maman **ou** aller faire les courses • **où** tu as acheté ce jeu • à la mer **ou** à la montagne • le quartier **où** je suis né • **où** as-tu trouvé ces feutres.

Règle 32 page 60

97 cette abeille, **ces** jouets, **ce** banc, **ces** gilets, **ces** miettes, **cette** place, **ce** trésor, **cette** vitrine, **ces** fenêtres, **ce** litre ■ **98 cette** idée, **cet** abricot, **cet** âne, **cette** autruche, **cette** histoire, **cet** homme, **cet** ouvrier, **cette** échelle, **cet** escalier, **cette** oreille ■ **99 cette** étoile • **ces** gardiens • **ce** robinet • **cet** escargot • **cette** veste • **ce** garçon • **ces** violettes dans **ce** vase • **cette** pastille • **cet** hiver.

Règle 33 page 61

100 ces fenêtres, **ces** villages, **ces** orages, **ces** abeilles, **ces** menus, **ces** films, **ces** chenilles, **ces** magasins, **ces** avions, **ces** pays ■ **101 ses** raquettes, **ses** pieds, **ses** poissons, **ses** leçons, **ses** filles, **ses** fils, **ses** oursons, **ses** machines, **ses** réunions, **ses** problèmes ■ **102** mais pas **ses** pépins (les pépins du raisin) • jette **ces** miettes (celles-ci) • il m'a présenté à **ses** amis (les siens) • **ces** majuscules sont difficiles (celles-ci) • Jean a retrouvé **ses** copains (les siens) • toutes **ces** odeurs (celles-ci) • qu'on touche à **ses** moustaches (les siennes) • regarde **ces** étoiles (celles-ci) • il prête **ses** jouets (les siens) à **ses** sœurs (les siennes).

Règle 34 page 62

103 ce bâton, **ce** dessin, **ce** castor, **ce** pêcheur, **ce** lavabo, **ce** nombre, **ce** nid, **ce** vase, **ce** poirier, **ce** piquet ■ **104** se cacher • se fatiguer • se lever • se moquer • se croire • se tromper • se tenir • se vendre • se sauver • se disputer ■ **105** il **se** perd • **ce** plat • **ce** robinet • elle **se** rend • le boxeur **se** relève • elle **se** tourne • **ce** trésor • ils **se** rappellent • mon oncle **se** réveille • **ce** grand trou.

Règle 35 page 63

106 se lever • se marier • se mettre • se promener • s'endormir • se rendre • se relever • se pencher • s'approcher • se diriger ■ **107** s'est lancé → se lancer • s'est reposée → se reposer • s'est produit → se produire • s'est trompé → se tromper • s'est amusée → s'amuser • s'est envolé → s'envoler • s'est présenté → se présenter • s'est rendu → se rendre • s'est coiffée → se coiffer • s'est assis → s'asseoir.

Règle 36 page 64

108 cet animal • **c'est** un animal • **c'est** une fleur • **cette** fleur • **cette** fusée • **c'est** une fusée • **cette** couverture • **cette** voiture • **c'est** ma voiture • **c'est** sa couverture ■ **109 c'est** ma mère • **cette** machine • **cet** âne • **c'est** la cuisine • **cette** tache • **cet** ouvrier • **c'est** un écolier • **c'est** un lapin • **cette** chapelle • **c'est** son oncle ■ **110 cette** boutique • **cet** escalier • **c'est** un temps orageux • **cette** salière • **cet** homme • **cette** personne • **c'est** un bonnet • **cette** lettre • **c'est** la fête • **c'est** un aigle.

Règle 37 page 65

111 c'est le journal • **c'est** mon livre • **c'est** la sortie • **c'est** le vent • **c'est** une grenouille ■ **112 c'est** une belle soirée • il **s'est** remis à courir • **c'est** un œuf • **c'est** un piège • elle **s'est** endormie • **c'est** un petit bureau • ma sœur **s'est** levée • **c'est**

8

du jus • **c'est** un os • l'histoire **s'est** passée ■ **113 c'est** le pilote • **c'est** ta photo • la chatte **s'est** cachée • **c'est** un élève • on **s'est** réveillé • **c'est** un renard • **c'est** une course • il ne **s'est** jamais perdu • **c'est** une route • on **s'est** bien préparé.

Règle 38 page 66

114 il travaille *ou* **elle** travaille • **il** frappe *ou* **elle** frappe • **il** a distribué *ou* **elle** a distribué • **il** pensait *ou* **elle** pensait • **il** lira *ou* **elle** lira ■ **115** avoir cousu • avoir une maison • avoir pris • avoir ouvert • avoir réussi ■ **116 on** a parlé • ses fils **ont** la grippe • les soldats **ont** défilé • **on** a lu • dans le pré, **on** a vu • **on** suit • ces plantes n'**ont** pas été arrosées • ses chiens m'**ont** réveillé • hier, **on** a mangé • deux agents **ont** arrêté.

Règle 39 page 67

117 leur gardien, **leur** réponse, **leurs** ongles, **leur** bureau, **leurs** chants, **leurs** racines, **leurs** balles, **leur** lettre, **leurs** becs et **leurs** ailes ■ **118 leur** billet, **leurs** mouchoirs, **leur** proposition, **leurs** pendules, **leur** cadeau, **leurs** pantalons, **leurs** explications, **leurs** oiseaux, **leur** balcon, **leur** garage ■ **119** je **leur** prête • **leurs** chiens • **leur** circuit • **leurs** dessins • **leurs** grands-parents • Maman **leur** a promis • **leur** cochon d'Inde à **leurs** camarades • ne **leur** dis pas ce que je vais **leur** acheter.

Règle 40 page 68

120 tous les jours • toutes les balles • tous les hivers • tout le spectacle • toute la salade ■ **121 tous** les garçons • **toute** la famille • **toutes** les filles • **tout** le monde • **tous** les hommes • **toute** la maison • **tout** le placard • **tout** le secret • **toute** la nuit • **toutes** les cachettes ■ **122 tous** mes amis • **toutes** ces histoires • **tout** le temps • **toute** la laine rouge • **toutes** les directions • **toute** la pâte • **tous** les trois • **tout** le vinaigre • **toutes** vos qualités • **tous** les voisins.

Règle 41 page 69

123 une épingle, un bouquet, un timbre, une croix, un fruit, un vendeur, une brebis, un rocher, un radis, un plat ■ **124 des** sardine**s**, **des** vipère**s**, **des** voyageur**s**, **des** nid**s**, **des** moteur**s**, **des** bois, **des** escargot**s**, **des** échelle**s**, **des** instrument**s**, **des** magasin**s** ■ **125** mes raquette**s**, tes chant**s**, ses sottise**s**, ces pantalon**s**, des tabouret**s**, cet escalier, cette grenouille, les pièce**s**, une pierre, des souris.

Règle 42 page 70

126 des chapeau**x**, des journ**aux**, des lavabo**s**, des carnaval**s**, des oiseau**x**, des robot**s**, des bal**s**, des corbeau**x**, des can**aux**, des couteau**x** ■ **127** un tabl**eau**, un pot**eau**, un anim**al**, un rid**eau**, un bur**eau**, un boc**al**, un m**al** de tête, un chac**al**, un moin**eau**, un tot**al** ■ **128** des écrit**eaux** • des festiv**als** • des sign**aux** • des agn**eaux** • les mét**aux** • un loc**al** • des cham**eaux** • des tribun**aux** • un mart**eau** • des taur**eaux**.

Règle 43 page 71

129 le fou et le cavalier, un joujou, un tatou, un chou, un feu de bois, un verrou, un aveu, un pou, faire un vœu ■ **130** des trou**s**, des clou**s**, des jeu**x**, les joue**s**, des loup**s**, des lieu**x**, des hibou**x**, des caillou**x**, des pneu**s**, des kangourou**s** ■ **131** ses nev**eux** • des mat**ous** • des bij**oux** • des bl**eus** • un long c**ou** • un gen**ou** • des couc**ous** • un bamb**ou** • des chev**eux** • des s**ous**.

Règle 44 page 72

132 la mère, la sœur, une femme, la mariée, une chienne, une ouvrière, une aviatrice, une inspectrice, une joueuse, ma cousine ■ **133** un roi, un voyageur, un canard, mon oncle, un lion, le voisin, un âne, un coq, un artiste, un enfant ■ **134** la boulangère, une spectatrice, madame, une pianiste, une jument, une inconnue, la gardienne, une lapine, la coiffeuse, une princesse.

Règle 45 page 73

135 une table ba**sse** • une fille peur**euse** • une nouve**lle** revue • une allure vi**ve** • une robe lég**ère** • une femme seul**e** • une journée orag**euse** • une bête dou**ce** • une personne riche • une trousse neu**ve** ■ **136** une tarte sucr**ée** • une lampe moderne • bo**nne** chance • une eau pure • une mule gri**se** • un enfant soign**eux** • une viande gra**sse** • un garçon fran**c** • une femme acti**ve** • une chatte curieu**se**.

Règle 46 page 74

137 des personnes gentilles, une dame gentille, un homme gentil, des voisins gentils, une vendeuse gentille • de l'herbe sèche, un temps sec, des haricots secs, des noix sèches, des fruits secs ■ **138** une chemise bleu**e** et une veste noir**e**, des chaussettes bleu**es** et des chaussures noir**es** • une fille adroit**e**, des enfants adroit**s**, des joueuses adroit**es** • une voiture neu**ve**, des camions neu**fs**, deux motos neu**ves** ■ **139** du pain blanc, des cheveux blanc**s**, une pierre blan**che**, des feuilles blan**ches**, des fromages blanc**s** • des pulls chaud**s**, des robes chaud**es**, des manteaux chaud**s**, une veste chaud**e**, un bonnet chaud ■ **140** *Par exemple :* des animaux (*qui sont*) rapide**s** • des histoires (*qui sont*) drôle**s**, des histoires (*qui sont*) étrange**s** • une caisse (*qui est*) vide, une caisse (*qui est*) lég**ère** • des bijoux (*qui sont*) rare**s**, des bijoux (*qui sont*) moderne**s** ■ **141** des pierres rond**es** • les cheveux très long**s** • de beau**x** habits • des nuages gr**is** • les haut**es** herbes • des tomates bien rouge**s** • sa chemise usé**e** • les plantes gras**ses** • ta réponse n'est pas sot**te** • les feutres noir**s** ■ **142** une brouette lég**ère** • de be**lles** roses • la couchette est un peu dur**e** • ces confitures sont très sucré**es** • les assiettes plat**es** • cette épingle est vraiment pointu**e** • une joli**e** locomotive • à chaud**es** larmes • les raisins sont encore vert**s** • des outils plus pratique**s**.

Règle 47 page 76

143 Les élèves écoutent. Le capitaine écoute. Mon camarade écoute. Le gardien écoute. Les joueurs écoutent. • Martin répond. Léa et Sandra répondent. David et Zoé répondent. Ma sœur répond. Mes frères répondent. ■ **144** Ces vieilles voitures ne roul**ent** plus. • Clémentine et Hugo se sauv**ent**. • Denis ferme • Les pêcheurs ne sort**ent** pas • Ces canards ne vol**ent** pas. • mon oncle et ma tante vienn**ent** • le chaton saut**e** • Les feuilles ne tomb**ent** pas encore. • Les oreilles du lapin ne boug**ent** pas. • ces pastilles fond**ent** ■ **145** je, il, elle, on te donne • ils, elles lavaient • vous ne travaillez plus • je, tu ne finis pas • nous ne mélangeons pas ■ **146 Marie et Julie** saut**ent** • **Marie et Julie** dessin**ent** • **Tom** s'approch**e** • **Marie et Julie** fabriqu**ent** • **Marie et Julie** ne se disput**ent** jamais • **Tom** se cach**e** • **Tom** pass**e** • **Marie et Julie** sav**ent** • **Tom** lav**e** • **Marie et Julie** s'entraîn**ent** ■ **147** cet enfant ne pleur**e** jamais • les ours mang**ent** • le chien et le chat dorm**ent** • les moucherons tourn**ent** • mon frère et mon cousin regard**ent** • son chien ne grogn**e** pas • les jouets coût**ent** cher • le corbeau et le merle s'envol**ent** • les pêcheurs se réuni**ssent** • les miettes de pain attir**ent** ■ **148** ces joueurs port**ent** • le prince et la princesse n'aim**ent** pas • on l'oblige

10

à rester • mon père et ma mère travaill**ent** • les deux sœurs ne se ressembl**ent** pas • elle n'écou**te** jamais • les voitures n'avanc**ent** pas • les élèves aim**ent** • Papa épluch**e** • Mathieu et Margot jou**ent**.

Règle 48 page 78

149 ma mère est revenue • les filles sont revenues • les gens sont revenus • ma sœur était revenue • l'inspecteur est revenu ■ **150** une chienne a été perdu**e** • les tiges sont coupé**es** • une villa sera louée • les devoirs sont fini**s** • les vitres seront lavé**es** ■ **151** Elle est arrivé**e**. Elles sont arrivé**es**. Il est arrivé. Ils sont arrivé**s**. Sophie est arrivé**e**. • Mes oncles étaient resté**s**. Mon cousin est resté. Ma tante est resté**e**. Mes cousines sont resté**es**. Mes parents étaient resté**s**. ■ **152** Lisa est maintenant devenue • les enfants sont tous sorti**s** • sa cachette a été trouvé**e** • le taureau est entré • les moteurs seront démonté**s** • les clowns sont reparti**s** • deux coureurs se sont échappé**s** • elle était allée • les pommes étaient épluché**es** • les joueurs sont bien dirigé**s** ■ **153** la hauteur est encore limité**e** • ce miel sera récolté • les pelouses sont bien entretenu**es** • la leçon n'est pas terminé**e** • deux écriteaux sont pendu**s** • la porte sera réparée • les cartes étaient rangé**es** • les chatons étaient endormi**s** • ces feuilles seront donné**es** • les canards seront enfermé**s**.

Règle 49 page 80

154 Ils ont joué. Ils sont venus. Vous avez joué. Nous avons joué. Elle est venue. ■ **155** deux joueurs ont cour**u** • cette dinde sera mang**ée** • la neige est tomb**ée** • la fillette a bross**é** • les enfants avaient avert**i**.

Règle 50 page 81

156 **Ces outils** sont utiles. • **Cette vitrine** est bien décorée. • C'est **le trésor** qu'elle a trouvé. • **La banque** est fermée. • **Les filles** se sont lavé**es**. ■ **157** Juliette (riait), amusé**e** • ces jouets, je les ai gagné**s** • les fleurs qu'elle a dessiné**es** • Maria et Lisa s'étaient perdu**es** • les œufs que j'ai acheté**s**.

Règle 51 page 82

158 arri**ver**, res**ter**, ouv**rir**, voul**oir**, par**ler**, atten**dre**, march**er**, part**ir**, ren**dre**, sav**oir** ■ **159** gronder, écrire, faire, répondre, pouvoir, vouloir, chercher, dire, grossir, revenir ■ **160** aller, venir, vouloir, voir, mettre, boire, tendre, croire, courir, poser.

Règle 52 page 83

161 Elle arrive. → Julie • Elles arrivent. → Julie et Nina • Il arrive. → Paul • Ils arrivent. → Julie et Paul / Ils arrivent. → Tom et Léo. • Il entre. → Papa • Elle entre. → Maman • Ils entrent. → Maman et Papa / Ils entrent. → Louis et Nadia • Elles entrent. → mes sœurs ■ **162** **nous** viendrons • **tu** as fermé • **je** voudrais • **vous** voulez (venir) • **tu** as (tout juste).

Règle 53 page 84

163 on a visité → passé • nous recevrons → futur • j'irai → futur • nous sommes allés → passé • je suis → présent • papa a lavé → passé • il promène → présent • je serai → futur • je me baignais → passé • j'aime → présent ■ **164** je jouais → passé • je conduirai → futur • dit (maman) → présent • je te donnerai → futur • (est-ce que) tu veux → présent • Papa me portait → passé • on t'enverra → futur • je me suis regardée → passé • ils habitent → présent • vous oubliez → présent.

ORTH CE2 ■ **11**

Règle 54 page 85

165 Il **a** un frère. • Nous **sommes** contents. • Nous **avons** le temps. • Ils **ont** huit ans. • Je **suis** curieux. • Elle **est** amusante. • Tu **as** des billes. • J'**ai** un piano. • Vous **êtes** à la gare. • Tu **es** fort. ■ **166** Les chevaux **sont** à l'écurie. • Nous **avons** un bassin avec des poissons. • Cet homme **est** vieux : il **a** une canne. • Vous **êtes** plus grande que moi. • Ces lunettes **sont** en plastique. • Tu **as** un joli collier. • Vous **avez** une belle voiture. • Nous **sommes** chez mes grands-parents. • Elles **sont** au cinéma. ■ **167** Mon voisin **est** gentil. • Je n'**ai** pas de vélo. • Tu n'**es** pas en avance ! • Cécilia **est** brune. • J'**ai** une boîte en bois. • Il n'**est** pas encore là. • Elle n'**est** pas très sportive. • **Es**-tu peureux ? • Je n'**ai** plus d'encre. • **Est**-il bientôt midi ?

Règle 55 page 86

168 je dis, nous disons • je prends, nous prenons • je veux, nous voulons • je finis, nous finissons • je fais, nous faisons ■ **169** comprendre → prendre • devenir → venir • défaire → faire • définir → finir • redire → dire • se souvenir → venir • contredire → dire • pardonner → donner • refaire → faire • apprendre → prendre ■ **170** je **vais** aussi vite • le joueur **donne** • ces touristes **viennent** • nous **apprenons** • vous **pouvez** parler • je **reviens** • tu **dis** ce que tu **veux** • ils **vont** partir • elles **comprennent** ■ **171** ces oranges provenaient → provenir • je <u>finis</u> → finir • tu <u>viens</u> → venir • les acheteurs <u>disent</u> → dire, le produit était → être • vous <u>faites</u> → faire • les voyageurs prenaient → prendre, s'en allaient → (s'en) aller • il voudrait → vouloir • <u>pouvons</u>-nous → pouvoir ■ **172** *Dix verbes sont au présent de l'indicatif :* Arthur <u>veut</u> → vouloir, il ne <u>peut</u> pas → pouvoir, son père [...] <u>vient</u> → venir, et (il) <u>prend</u> → prendre, <u>dit</u> Arthur → dire, qui se <u>tient</u> → (se) tenir, tu <u>vas</u> → aller, tu te <u>fais</u> → (se) faire, <u>dit</u> le père → dire, il <u>finit</u> → finir.

Règle 56 page 88

173 **ils**, **elles** approchent • **tu** sonnes • **nous** passons • **ils**, **elles** s'amusent • **il**, **elle**, **on** se sauve • **vous** dessinez ■ **174** danser, sauter, bouger, chanter, acheter, rester, donner, tourner, voler, trouver ■ **175** il regard**e** • tu march**es** vite • la voiture recul**e** • vous partag**ez** • Papa pêch**e** • il démont**e** • ils repass**ent** • je te donn**e** • nous fabriqu**ons** • on se bross**e**.

Règle 57 page 89

176 **vous** partez • **ils**, **elles** dorment • **il**, **elle**, **on** vit • **je**, **tu** sais • **nous** conduisons • **vous** écrivez ■ **177** je ri**s** • il rugi**t** • tu le croi**s** • je verni**s** • je boi**s** • elle me puni**t** • on s'enfui**t** • je m'endor**s** • on sui**t** • tu écri**s** ■ **178** ils sort**ent** • la souris s'enfui**t** • vous grand**issez** • le poulet cui**t** • nous inscri**vons** • je t'averti**s** • elle vi**t** • tu rougi**s** • nous cour**ons** • je voi**s**.

Règle 58 page 90

179 **il**, **elle**, **on** descend • **vous** répondez • **je**, **tu** vends • **ils**, **elles** prennent • **j'**, **tu** apprends ■ **180** tu répon**ds**, on compren**d**, elle éten**d**, je cou**ds**, il ton**d** • elles perd**ent**, la neige fon**d**, ils entend**ent**, nous attend**ons**, je prend**s** ■ **181** elles rend**ent** • vend**ez**-vous • Lili repren**d** • tu appren**ds** • la terre gelée se fen**d** • je suspen**ds** • ce chien défen**d**, il ne mor**d** pas • ta coiffure me surpren**d** • les gens les confond**ent**.

12

Règle 59 page 91

182 V*erbes en -er :* jouer, apporter, laisser. V*erbes en -ir, -oir, -re :* lire, voir, rire, rougir. V*erbes en -dre :* attendre, reprendre, vendre. ■ **183** il cherch**e**, on appui**e**, elle s'endor**t**, Céline ne répon**d** pas, Gabriel grandi**t** • on reçoi**t**, elle appren**d**, il envoi**e**, cette rose sen**t**, l'oiseau s'envol**e** ■ **184** nous plant**ons** • on par**t** • son chat attrap**e** • elle condui**t** • je fini**s** • le cheval sui**t** • tu sonn**es** • je boi**s** • tu fai**s**, tu compren**ds**.

Règle 60 page 92

185 je lui donn**ais**, je pouv**ais**, j'all**ais** et je pren**ais**, j'av**ais** ■ **186** nous fais**ions**, nous fini**ssions**, nous ét**ions**, nous di**sions** tout, nous compren**ions** ■ **187** elle av**ait** • il repren**ait** • ils ét**aient** • tu refais**ais** • vous di**siez** • on ne pouv**ait** rien • elle lui redonn**ait** • je fin**issais** • nous all**ions** • on appren**ait**.

Règle 61 page 93

188 je sonn**ais**, il sonn**ait** • je travers**ais**, nous travers**ions** • tu reven**ais**, vous reven**iez** • il construis**ait**, elles construis**aient** • on perd**ait**, ils perd**aient** ■ **189** je montr**ais**, nous montr**ions** • je ten**ais**, nous ten**ions** • je répond**ais**, nous répond**ions** • j'avert**issais**, nous avert**issions** • je conduis**ais**, nous conduis**ions** ■ **190** je sort**ais**, tu écriv**ais**, il salu**ait**, on dev**ait**, elle obé**issait** • nous chant**ions**, vous part**iez**, ils fleur**issaient**, elles se promen**aient**, les lions rug**issaient**.

Règle 62 page 94

191 je chang**eais**, il chang**eait** • tu ber**çais**, elle ber**çait** • nous rang**ions**, ils rang**eaient** • on rempla**çait**, vous remplac**iez** • je voyag**eais**, elles voyag**eaient** ■ **192** je la**çais**, tu tra**çais**, il mang**eait**, elle dirig**eait**, on per**çait** • nous log**ions**, ils annon**çaient**, elles partag**eaient**, vous avanc**iez**, je plong**eais**.

Règle 63 page 95

193 je fini**rai**, je donne**rai**, je fe**rai**, j'i**rai**, je prend**rai** ■ **194** il viend**ra** *ou* elle viend**ra**, il au**ra** *ou* elle au**ra**, il se**ra** heureux *ou* elle se**ra** heureuse, il pour**ra** *ou* elle pour**ra**, il refe**ra** tout *ou* elle refe**ra** tout ■ **195** tu au**ras** • je reviend**rai** • nous se**rons** • ils apprend**ront** • vous défe**rez**.

Règle 64 page 96

196 on di**ra**, ils di**ront** • je suiv**rai**, tu suiv**ras** • tu li**ras**, vous li**rez** • nous recev**rons**, elles recev**ront** • il condui**ra**, je condui**rai** ■ **197** je rempli**rai**, il (elle *ou* on) rempli**ra** • je comprend**rai**, il (elle *ou* on) comprend**ra** • je poursuiv**rai** (mon chemin), il (elle *ou* on) poursuiv**ra** (son chemin) • je vend**rai**, il (elle *ou* on) vend**ra** • j'écri**rai**, il (elle *ou* on) écri**ra** ■ **198** je boi**rai**, tu voud**ras**, il répond**ra**, on dormi**ra**, on attend**ra** • nous recev**rons**, vous garni**rez**, ils reprodui**ront**, elle constrai**ra**, elles réuni**ront**.

Règle 65 page 97

199 elle parle**ra**, elles parle**ront** • je tourne**rai**, on tourne**ra** • je coupe**rai**, ils coupe**ront** • nous marche**rons**, vous marche**rez** • tu crie**ras**, il crie**ra** ■ **200** je calcule**rai**, tu avale**ras**, il noue**ra**, elle lève**ra**, on continue**ra** • nous dépense**rons**, vous loue**rez**, nous travaille**rons**, elles copie**ront**, ils rentre**ront**.

Règle 66 page 98

201 j'ai donné **ma** langue, j'ai pu le porter, j'ai pris, je suis allé(e), j'ai eu de la chance ■ **202** on **a fait** • elle **a été** • ils **ont repris** • tu **as dit** • j'**ai fini** ■ **203** vous **avez pu** • nous **avons compris** • on l'**a redit** • elles **ont refait** • ils lui **ont pardonné**.

Règle 67 page 99

204 elle a l**u** • nous lui avons demand**é** • j'ai pens**é**, tu as réuss**i** • il est deven**u** ■ **205** Max a grand**i**, il a gross**i** • il est arriv**é** • nous avons garn**i** • ils ont rev**u** ■ **206** tordre → tord**u**, lire → l**u**, perdre → perd**u**, courir → cour**u**, vouloir → voul**u** ■ **207** j'ai dîn**é** • il <u>est</u> sort**i** • il s'<u>est</u> dirig**é** • tu <u>as</u> saut**é** • nous <u>avons</u> aperç**u** • il s'<u>est</u> endorm**i** • elle <u>a</u> arrêt**é** • nous <u>avons</u> cour**u** • on <u>a</u> jet**é** • je t'<u>ai</u> répond**u** ■ **208** blanchir → blanch**i**, dormir → dorm**i**, vernir → vern**i**, maigrir → maigr**i**, sortir → sort**i** ■ **209** ils **ont** attend**u** • elle **a** maigr**i** • nous **avons** recul**é** • ils **ont** perd**u** • on **a** plant**é** • Romane et Camille **ont** bavard**é** • la neige **a** blanch**i** • il n'**est** pas arriv**é** • **avez**-vous reten**u** • on **a** suiv**i** ■ **210** Léana **a trouvé** • l'escargot **est sorti** • la neige **a fondu** • les chiens **ont suivi** Tomi • tu **as voulu** • nous **avons épluché** • les poules **ont pondu** • vous **avez puni** • nous **avons cru** • les ouvriers **ont démonté**.

Règle 68 page 101

211 une chose *qui est* mi**se** • une lettre *qui est* écri**te** • une leçon *qui est* appri**se** • une voiture *qui est* condui**te** • une chose *qui est* promi**se** ■ **212** tu as di**t** • il est assi**s** • on a interdi**t** • j'ai surpri**s** • on a tout compri**s** ■ **213** elle a fai**t** • j'ai mi**s** • il a construi**t** • elle a ouver**t** • on a produi**t** • on m'a permi**s** • le poulet est bien cui**t** • nous avons repri**s** • les enfants ont offer**t** • on a inscri**t**.

Règle 69 page 102

214 nous voulons démont**er** • Papa sait répar**er** • il est tomb**é** • elle va le soign**er** • tu aimes dessin**er** • il a regard**é** • j'ai lav**é** • il faut écout**er** • on a visit**é** • je suis rentr**é** ■ **215** elle a recul**é**, il faut recul**er**, j'avais recul**é**, tu peux recul**er** • elle a jou**é**, il veut jou**er**, je vais jou**er** • il faut plong**er**, ils ont plong**é**, on vient de plong**er** ■ **216** le réveil a sonn**é**, le réveil va sonn**er** • ma sœur aime trich**er**, mon frère a trich**é** • il doit pioch**er**, on a pioch**é** • il a nou**é**, il faut nou**er** • il a soulev**é**, elle peut soulev**er** ■ **217** il a jur**é**, qui veut continu**er**, le magasin est ferm**é**, le tigre va s'échapp**er**, il est rest**é** • ils ont épluch**é**, Caroline aime bien s'amus**er**, nous avons couch**é**, du coton a bouch**é**, il faut conjugu**er** ■ **218** Quand le chien m'a vu, il s'est mis à **tirer** sur sa laisse. Je me suis **approché** de lui et il m'a **léché** les mains pour me **saluer**. Mais s'il avait pu **parler**, il m'aurait sans doute demandé mon goûter! ■ **219** Alex voudrait pêch**er** • ma voisine a ramen**é** • il ne faut pas secou**er** • vous avez gard**é** • François pourrait dirig**er** • Papa a dit d'achet**er** • mes tantes ont bavard**é** • un agent lui a montr**é** • le jardinier va plant**er** • les enfants ont travers**é**.

Règle 70 page 104

220 donn**e** le départ, fai**s** vite, fini**s** tes devoirs, soi**s** poli, vien**s** à la maison ■ **221** pren**ons** le train, all**ons** dans le midi, **ayons** les mains propres, mett**ons** de l'ordre, préven**ons** le directeur ■ **222** apprend**s** par cœur, appren**ez** par cœur • pardonn**e** cette faute, pardonn**ez** cette faute • remet**s** ta veste, reme**ttez** votre veste • refai**s** ton lit, refai**tes** votre lit • défini**s** ce mot, défin**issez** ce mot.

Règle 71 page 105

223 Jou**e** vite! Jou**ons** encore! • Sui**s** la route. Suiv**ons** la carte. • Sor**s** d'ici! Sort**ons** en courant! • Tourn**e** la tête. Tourn**ons**-lui le dos. • Dessin**e** un loup. Dessin**ons** un

14

rat vert. ■ **224** Copi**e** la dictée. Ne copi**ez** pas! • Tien**s**-toi droit. Ten**ez**-vous par la main. • Dor**s** bien! Dorm**ez** sur le canapé. • Atten**ds**-moi! Attend**ez** son retour. • Écout**e** ce chant. Écout**ez** la musique.

Règle 72 page 106

225 Je chant**ais**. Elle chant**ait**. Ils chant**aient**. Elles ont chant**é**. Tu as chant**é**. • Il a jou**é**. Tu jou**ais**. On jou**ait**. Ils avaient jou**é**. Elles jou**aient**. ■ **226** Je rest**ais**. Je suis rest**é**. Il était rest**é**. On rest**ait**. Ils rest**aient**. • Tu continu**ais**. Elles continu**aient**. Nous avons continu**é**. Ils ont continu**é**. Elle continu**ait**. ■ **227** on a dessin**é**, on dessin**ait**, ils ne bavard**aient** pas, ils ont bavard**é**, elles ont march**é**, elles march**aient** • ils copi**aient**, ils ont copi**é**, le chat a léch**é**, le chat léch**ait** ■ **228** il a aval**é**, le chien aval**ait** • je le cherch**ais**, j'ai cherch**é** • tu t'es cach**é**, tu te cach**ais** • il rest**ait**, il est rest**é** • les ouvriers ont coup**é** l'eau, ils coup**aient** l'eau ■ **229** les poissons se sauv**aient** • grand-père cir**ait** • Victor a embrass**é** ses parents • Maman m'a racont**é** • on imprim**ait** un journal • le sable est entass**é** • les enfants se couch**aient** très tôt • les scouts ont camp**é** • tu devin**ais** • mon équipe a encore gagn**é** ■ **230** *Réponses libres. Par exemple :* Le renard a échapp**é** aux chasseurs. Son oncle pêch**ait** au bord de la rivière. L'ours s'est approch**é** de la ferme. Mes voisins vid**aient** leur cave. J'écout**ais** mon père jouer de la guitare.

Fiches de révision

Fiche 1 page 110

1 tout conten**t** • Paul po**s**e les assiettes sal**es** • y lai**ss**er la plus peti**te** • la vaisselle **est** • les assiettes **sont** propr**es** et luisant**es** • tu **es** ■ **2** une or**e**ille, une bat**ai**lle, une bout**e**ille, une corb**e**ille, on trav**ai**lle ■ **3** **1.** loin **2.** aile **3.** idée **4.** boue **5.** gris.

Fiche 2 page 111

4 les vip**è**res • on l'int**e**rroge • il répon**d** • on voi**t** • on di**t** • la vilaine b**ê**te • quand **on** en rencontre • elle ne mor**d** pas, et **on** dirait • le joli s**e**rpent ■ **5** fleur, grand, chaud, dessin, long ■ **6** requi**n**, **n**om, **m**ai, **i**nstrument, **t**ableau, **u**nité, **é**pingle.

Fiche 3 page 112

7 le Canada **est** • ces animaux se déplac**ent** • ils travers**ent** • les chasseurs les poursuiv**aient** avec leur**s** kayak**s** long**s** et étroit**s** • ils les tu**aient** • ont un permis **et** ils paient • s'ils tu**ent** ■ **8** **1.** le sucre en **p**oudre **2.** un **p**ou dans les cheveux **3.** une **p**ièce en or **4.** le **p**ot de confiture **5.** cinquante **p**ages ■ **9** hauteur, taureau, ongle, propre, rocher.

Fiche 4 page 113

10 la coccinelle reste cach**ée** sous des feuill**es** mort**es** • les beau**x** jour**s** arrivent • des œufs orang**és** • en peti**ts** tas • elle se met à mang**er** • trois semain**es** • elle va s'en gav**er** ■ **11** un chef, merci, un problème, un gil**e**t, la rivière ■ **12** **2.** abeille **3.** pie **4.** mouche **5.** hibou **6.** canard.

Fiche 5 page 114

...lait **est** • **on** le boit • de l'eau **et** du sel • qu'**on** mange • une vache a mi**s** • est ...uit • délicieux • léger • **est** pour le veau ■ **14** **1.** vingt litres **2.** le gros lot ...**4.** le linge **5.** une louche ■ **15** hiver, **r**aisin, **n**uit, **t**imbre, **e**au, **u**tilité.

ORTH CE2 ■ **15**

Fiche 6 page 19

22 1. c : casque • **2. an** : ancre • **3. c** : cerise(s) • **4. h** : hélicoptère • **5. k** : kangourou ■ **23** animal – cheminée – jardinier – marmite – matinée – moucheron ■ **24** mouton, vase, chat, poste, légume ■ **25 gre** → tigre, grenouille • **for** → forte, informer.

Fiche 7 page 20

26 le**çon**, gar**çon**, ma**çon**, gla**çon**, fa**çon** • maîtr**esse**, vit**esse**, rich**esse**, tr**esse**, princ**esse** ■ **27** madame, mauvais, conjugaison, pleuvra ■ **28** maîtresse, madame, Thomas ■ **29** Je n'ai pas de parapluie. • Il fait mauvais ce matin. • On ira s'abriter dans la cabane.

Fiche 8 page 21

30 touche • peine • noire(s) ■ **31 noi** (*noires*) • **pia** (*piano*) • **tou** (*touches*) • **pei** (*peine*) • **jou** (*jouerai*) ■ **32** des touches noires • des mains propres • un piano blanc ■ **33** *Se terminent comme* piano : lavab**o**, mot**o**, vél**o**, caca**o**, aut**o** ■ **34** pouvoir (*je peux*), jouer (*jouer, je jouerai*), laver (*te laver*), demander (*demande Émilie*).

Fiche 9 page 22

35 poissons (*deux poissons*), **maître** (*le maître demande*), **ton** (*ton assiette*) ■ **36 cal** (*calcul*), **man** (*manges*), **res** (*reste*), **mon** (*monsieur*), **toi** (*Antoine*) ■ **37** assie**tte** • poisso**n**(s), a**ss**iette • dema**nd**e, **An**toine, da**n**s, ma**n**ges ■ **38** les maître**s**, un poisson, les arête**s**, les leçon**s**, deux assiette**s**.

Fiche 10 page 23

39 mon cop**ain** – le tr**ain** – un b**ain** – de p**ain** – après-dem**ain** ■ **40** *Comme* médaille : bat**aille** • *Le son* **è** *de* mère : fen**ê**tre, n**ei**ge • *Un* **m** *avant* **b** : cha**m**bre, to**m**be ■ **41 ta** chambre (à toi) • **ma** chambre (à moi) • **tes** copains (à toi) • **mes** copains (à moi) ■ **42** fl**o**cons (*le robot a écrit :* fl**a**cons), gr**o**s (*il a écrit :* gr**i**s), **f**aire (*il a écrit :* **t**aire), **t**ombe (*il a écrit :* **b**ombe), **b**oules (*il a écrit :* **p**oules), re**g**arde (*il a écrit :* re**t**arde).

Règles d'orthographe

Règle 1 page 26

1 *Une personne :* un pêcheur, un écolier • *Un animal :* un âne, un corbeau, une vipère • *Une chose :* une dent, un tabouret, un vase • *Une idée :* une sottise, la force ■ **2** un film, une soupière, une sacoche, une écharpe, un plat, une joue, une langue, un nid, une nappe, une sardine ■ **3** *Il faut dessiner une cuillère sous :* le train, une minute • un pantalon propre • ma grand-mère, le coq, le matin • ce joli timbre, ma collection • ce vieux monsieur, la rue.

Règle 2 page 27

4 laver, saluer, moudre, respirer, tenir, continuer, rire, avertir, porter, savoir ■ **5** je ferme • montre-moi • je recouds • ne triche pas • il veut • si tu cries, les oiseaux s'envoleront • elle viendra • il va mieux • les élèves prennent ■ **6** Maman garde • le train arrive • le match commencera • tu dis • on trouve • Grand-mère conduit • regarde de chaque côté, puis traverse • écoutons cette chanson • il joue du piano.

2

CORRIGÉS

Test de départ

Pages 10-11

1 des roue**s**, des anim**aux** ■ **2** un n**om**bre, une r**on**de ■ **3** la lecture **et** le calcul ■ **4** une or**eille**, un trav**ail** ■ **5** Son voi**s**in a un ba**ss**in avec des poi**ss**ons. ■ **6** Le premier coureur arriv**e**. Tous les gens applaudiss**ent**. ■ **7** Elle m'a donn**é** un abricot. ■ **8** il écoute, il écrit ■ **9** L'enfant **a** trouvé la cachette. ■ **10** un ma**g**asin, un pi**g**eon ■ **11** nous **avons** une belle classe, nous **sommes** contents. ■ **12** Tous les appartements **ont** un balcon. ■ **13** elle ven**ait** souvent, elle mang**eait** avec nous. ■ **14** Le li**è**vre s'est cach**é** dans les hautes **h**erbes du pr**é**. ■ **15** une chemise vert**e**, des étoiles doré**es** ■ **16** curieu**x** et bavar**d** ■ **17** Hier, il **a** demand**é** son chemin. ■ **18** Les bureaux sont fermé**s** le samedi. ■ **19** **se** détacha, **se** sauva ■ **20** nous **irons**, je dorm**irai**.

Fiches d'observation

Fiche 1 page 14

1 26 lettres, 6 voyelles, 20 consonnes ■ **2** 1ʳᵉ lettre : **a**, 2ᵉ lettre : **b**, dernière lettre : **z** ■ **3** **1.** vrai • **2.** vrai • **3.** faux • **4.** vrai • **5.** faux • **6.** faux • **7.** vrai ■ **4** bus **maison** train • fenêtre image **maison** • **maison** porte savoir ■ **5** bras – force – machine • montagne – orage – vent • papillon – surprise – violette • oiseau – route – semaine.

Fiche 2 page 15

6 **1.** faux • **2.** vrai • **3.** vrai • **4.** faux • **5.** vrai ■ **7** 3ᵉ lettre : **C** • 5ᵉ lettre : **E** • 10ᵉ lettre : **J** • 13ᵉ lettre : **M** • avant-dernière lettre : **Y** ■ **8** ronds bleus : 2, 5, 7, 8, 9 ■ **9** Lyon – Marseille – Paris • Grenoble – Lille – Nice • Bordeaux – Dijon – Nantes • Nancy – Pau – Valence • Rennes – Strasbourg – Toulouse.

Fiche 3 page 16

10 **1.** oui • **2.** non • **3.** oui • **4.** non • **5.** oui • **6.** non • **7.** oui • **8.** oui ■ **11** Akim, David, Marlène • Hervé, Isabelle, Laure • Philippe, Régine, Samia ■ **12** *Il manque :* **i**, **m**, **u**, **x** ■ **13** *Il faut enlever :* plage, sage, chapeau, mouche, fenêtre.

Fiche 4 page 17

14 **1.** oui • **2.** non • **3.** oui • **4.** non • **5.** non • **6.** oui ■ **15** bouquet, grenouille • bouquet, bras • balcon, bouquet • botte, bouquet • boulanger, bouquet • bouquet, boutique ■ **16** abeille, aller, animal, arbre, aviateur • mars, merci, minute, moment, moteur • rond, rondelle, rosée, roue, roulette ■ **17** *Il faut enlever :* **i** (entre d et e), **c** (entre f et g), **n** (mis deux fois), **t** (entre p et q), **l** (entre v et w).

Fiche 5 page 18

18 **1.** **g** : girafe • **2.** **a** : autoroute • **3.** **c** : cent • **4.** **h** : huit • **5.** **h** : hérisson ■ **19** la limonade – une locomotive – une maladie – un canapé – du chocolat – la confiture ■ **20** lit, bonbon, arbre, étude, nuage ■ **21** **ver** → avertir, vernir • **gra** → grave, agrafe.

ORTH CE2 ■ **1**

37   c'est / s'est

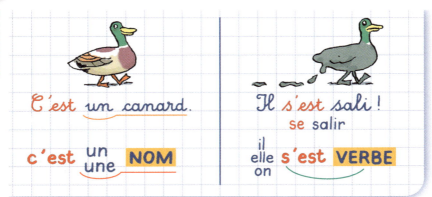

- **c'est** est souvent suivi d'un groupe du nom :
  c'est un canard.
- **s'est** accompagne toujours un verbe : *Il s'est sali (se salir).*

111   **Remplace les mots *en italique* par c'est.**

Voici le journal d'hier. • *Regarde* mon livre. • *Montre-moi* la sortie. • *Voilà* le vent qui se lève. • *Voici* une grenouille verte.
… /5

112   **Complète ces phrases par c'est ou s'est.**

… une belle soirée. | … un piège à loups. | Ma sœur … levée.
Il … remis à courir. | Elle … endormie. | … du jus de fruit.
… un œuf de caille. | … un petit bureau. | … un os de gigot.
L'histoire … passée hier.
… /10

113   **Complète ces phrases par c'est ou s'est.**

Regarde, … le pilote de l'avion. • Tiens, … ta photo. • La chatte … cachée. • … un élève du cours élémentaire. • On … réveillé quand le coq a chanté. • Elle pense que … un renard. • On dit que … une course importante. • Il ne … jamais perdu dans Paris. • … une route en zigzag. • On … bien préparé pour le match.
… /10

| élém**ent**aire | un rena**rd** | une **h**istoire | prati**que** |
| un capit**ai**ne | un cana**rd** | un bur**eau** | un ris**que** |

65

38 on / ont

OBSERVE

RETIENS

- **on** est un pronom personnel, comme **il** ou **elle**. C'est toujours le sujet d'un verbe conjugué au singulier : *on joue*.
- **ont**, c'est la 3ᵉ personne du pluriel du verbe **avoir** au présent. Il peut aussi être conjugué avec un verbe : *ils ont dessiné*.

114 **Remplace le pronom on par il ou elle.**

Ex. : *On joue.* → ***il** joue* (ou : ***elle** joue*).

On travaille bien. • On frappe à la porte. • On a distribué les lettres. • On pensait souvent à vous. • On lira demain.

... /5

115 **Pour chaque phrase, écris l'expression construite avec avoir.**

Ex. : *Ils ont dessiné un arbre.* → ***avoir dessiné.***

Elles ont cousu les boutons. • Ils ont une maison. • Elles ont pris les clés. • Ils ont ouvert la porte. • Ils ont réussi.

... /5

116 **Complète ces phrases par on ou par ont.**

... a parlé de toi. • Ses fils ... la grippe. • Les soldats ... défilé. • ... a lu ta carte. • Dans le pré, ... a vu un lièvre. • ... suit le guide. • Ces plantes n'... pas été arrosées. • Ses chiens m'... réveillé ce matin. • Hier, ... a mangé des crêpes. • Deux agents ... arrêté la circulation.

... /10

PAR ♥ une bille   le ch**ef**   un agen**t**   la mou**t**arde
        de l'**en**cre un ver**g**er   un soldat   un **g**arde

RÈGLES

39 · leur / leurs

OBSERVE

un chat
leur chat

des chats
leurs chats

leur
leurs   NOM s

Il **lui** donne du lait.
donner

Il **leur** donne du lait.
donner

leur   VERBE

RETIENS

■ **leur** fait partie du groupe du nom, comme **un** ou **une**. Quand le nom est au pluriel, on écrit **leurs** : *leurs chats (plusieurs chats)*.

■ Le pronom **leur** est toujours placé avant un verbe. Il désigne plusieurs personnes ou plusieurs animaux. C'est le pluriel de **lui**.

117 **Remplace un, une et des par leur ou leurs.**

un gardien, une réponse, des ongles, un bureau, des chants, des racines, des balles, une lettre, des becs et des ailes.

... /10

118 **Écris leur ou leurs avant chaque nom.**

billet, mouchoirs, proposition, pendules, cadeau, pantalons, explications, oiseaux, balcon, garage.

... /10

▶ **119** **Complète ces phrases par leur ou leur(s).**

Je ... prête mes disques. • Ils aiment ... chiens. • Les deux frères jouent avec ... circuit. • Les élèves ont terminé ... dessins. • Ce sont ... grands-parents qui les gardent. • Maman ... a promis un jeu vidéo. • Kévin et Adam ont montré ... cochon d'Inde à ... camarades. • Ne ... dis pas ce que je vais ... acheter : c'est une surprise.

... /10

PAR ❤

une **ré**union
un pantalon

la p**eau**
un tabl**eau**

un ron**d**
une rond**elle**

un on**gle**
un ai**gle**

67

40 tout, tous, toute, toutes

OBSERVE

tout le matin
toute la journée

tous les jours
toutes les semaines

tout le
toute la   **NOM**

tous les
toutes les   **NOM** s

RETIENS

■ **tout** placé avant le groupe du nom s'accorde avec le nom.
■ Au masculin, on écrit **tout** au singulier et **tous** au pluriel.
■ Au féminin, on écrit **toute** au singulier et **toutes** au pluriel.

120 **Écris le groupe du nom qui va avec tout, tous ou toute(s).**

Le gardien vient tous les jours. • Lucie a rangé toutes
les balles. • Il gèle tous les hivers. • J'ai vu tout le spectacle. •
La tortue a mangé toute la salade.   ... / 10

121 **Complète par tout, tous, toute ou toutes.**

tous les joueurs	... le monde	... le secret
... les garçons	... les hommes	... la nuit
... la famille	... la maison	... les cachettes
... les filles	... le placard	

... / 10

▶122 **Complète ces phrases par tout, tous, toute ou toutes.**

Voici ... mes amis. • N'écoute pas ... ces histoires. •
Il rit ... le temps. • Mamie a acheté ... la laine rouge ! •
... les directions y mènent. • Tu feras cuire ... la pâte. •
Les voilà ... les trois. • J'ai utilisé ... le vinaigre. • On m'a
dit ... vos qualités. • On connaît ... les voisins.   ... / 10

PAR ♥

de la p**â**te   un ins**ec**te   une fabri**que**   un tigre
une p**ê**che   un maga**s**in   fabri**qu**er   le vin**ai**gre

68

41 le singulier et le pluriel des noms

RÈGLES

OBSERVE

un mouton | des moutons

un seul | plusieurs

singulier | pluriel

un **NOM** | des **NOM s**

⚠ une brebis, un radis, un bois, une croix. → des brebis, des radis, des bois, des croix.

RETIENS

- On écrit **le pluriel** en ajoutant un **s** à la fin du nom : *des moutons*.
- Si le nom se termine déjà au singulier par **s** (ou **x**, ou **z**), il ne change pas au pluriel : *une brebis, des brebis ; une croix, des croix*.

123 **Écris ces noms au singulier.**

Ex. : *des moutons* → **un** *mouton.*

des épingles, des bouquets, des timbres, des croix, des fruits, des vendeurs, des brebis, des rochers, des radis, des plats.

... / 10

124 **Écris ces noms au pluriel.**

Ex. : *un pré* → **des** *prés.*

une sardine, une vipère, un voyageur, un nid, un moteur, un bois, un escargot, une échelle, un instrument, un magasin.

... / 10

▶ **125** **Écris ces noms au singulier ou au pluriel.**

ma raquette → mes ...	cet ...	→ ces escaliers
ton chant → tes ...	cette ...	→ ces grenouilles
sa sottise → ses ...	la pièce	→ les ...
ce pantalon → ces ...	une ...	→ des pierres
un tabouret → des ...	une souris → des ...	... / 10

PAR ❤

une sardine	un chan**t**	une so**tt**ise	le singulier
une vip**è**re	chanter	un escargo**t**	le pluriel

69

42 le pluriel des noms en -eau et -al

OBSERVE

un bateau
des bateaux

un ____eau
des ____eaux

un cheval
des chevaux

un ____al
des ____aux

⚠ sauf : *des bals, des carnavals, des chacals, des festivals.*

RETIENS

■ Les noms terminés par **-eau** ont un **x** au pluriel : *des bateaux.*

■ Les noms terminés par **-al** s'écrivent **aux** au pluriel :
un cheval, des chevaux.
Sauf : *des bals, des carnavals, des chacals, des festivals.*

126 **Écris ces noms au pluriel.**

un chapeau, un journal, un lavabo, un carnaval, un oiseau,
un robot, un bal, un corbeau, un canal, un couteau.

... / 10

127 **Écris ces noms au singulier.**

des tableaux, des poteaux, des animaux, des rideaux,
des bureaux, des bocaux, des maux de tête, des chacals,
des moineaux, des totaux.

... / 10

▶ **128** **Complète ces noms par al, als, eau, eaux ou aux.**

un écriteau, des écrit...
un festival, des festiv...
un signal, des sign...
un agneau, des agn...
le métal, les mét...

un loc..., des locaux
un chameau, des cham...
un tribunal, des tribun...
un mart..., des marteaux
un taureau, des taur...

... / 10

PAR ♥

un bal	un chap**eau**	un robo**t**	un film
un canal	un corb**eau**	le ven**t**	un motif
le carnaval	un cham**eau**	un momen**t**	une truite

70

43 le pluriel des noms en -eu et -ou

OBSERVE

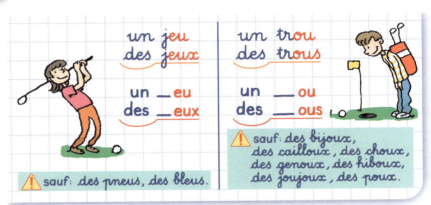

RETIENS

- Les noms terminés par **-eu** ont un **x** au pluriel : *des jeux*.
  Sauf : *des pneus, des bleus*.
- Les noms terminés par **-ou** s'écrivent **ous** au pluriel : *des trous*.
  Sauf sept noms : *des bijoux, des cailloux, des choux, des genoux, des hiboux, des joujoux, des poux*.

129 **Écris les noms au singulier.**

les fous et les cavaliers, des joujoux, des tatous, des choux, des feux de bois, des verrous, des aveux, des poux, faire des vœux. …/10

130 **Écris ces noms au pluriel.**

un trou, un clou, un jeu, la joue, un loup, un lieu, un hibou, un caillou, un pneu, un kangourou. …/10

131 **Complète, soit au singulier, soit au pluriel.**

son neveu, ses nev…
un matou, des mat…
un bijou, des bij…
un bleu, des bl…
un long c…, des cous

un gen…, des genoux
un coucou, des couc…
un bamb…, des bambous
un cheveu, des chev…
un sou, des s… …/10

PAR ♥ un lou**p**   un trou   de l'air   bleu   un **h**ibou
la jou**e**   un clou   en or   janvier   une croi**x**

71

44 le féminin des noms

OBSERVE

MASCULIN	FÉMININ
un garçon	une fille
le directeur	la directrice
un ami	une amie
un élève	une élève

RETIENS

- **Un nom est féminin** si on peut le dire avec **une** ou **la**.
- Le féminin est souvent différent du masculin correspondant *(un garçon, une fille)* ; la fin du mot peut changer *(le directeur, la directrice)* ; parfois, on ajoute simplement un **e** *(un ami, une amie)*.
- Le féminin peut s'écrire comme le masculin : *un élève, une élève*.

132 **Trouve le féminin qui correspond à ces noms masculins.**

le père, le frère, un homme, le marié, un chien, un ouvrier, un aviateur, un inspecteur, un joueur, mon cousin.

… /10

133 **Trouve le masculin qui correspond à ces noms féminins.**

une reine, une voyageuse, une cane, ma tante, une lionne, la voisine, une ânesse, une poule, une artiste, une enfant.

… /10

▶ **134** **Écris le féminin de ces noms.**

le boulanger, un spectateur, monsieur, un pianiste, un cheval, un inconnu, le gardien, un lapin, le coiffeur, un prince.

… /10

PAR ♥

le masculin	un inspecteur	un promeneur	la boue
le féminin	un spectateur	une promenade	la soie
le genre	une virgule	l'aviation	une aile

45   le féminin des adjectifs

RÈGLES

OBSERVE

Il est beau.
    courageux
    gros
    fort
    sauvage

MASCULIN

Elle est belle.
    courageuse
    grosse
    forte
    sauvage

FÉMININ

RETIENS

- **Le féminin d'un adjectif** est souvent différent du masculin *(beau, belle)*. Parfois, la fin du mot change *(courageux, courageuse ; gros, grosse)* ou on ajoute simplement un **e** *(fort, forte)*.
- Le féminin de certains adjectifs ne change pas du masculin correspondant *(un animal sauvage, une bête sauvage)*.

135   **Complète au féminin en utilisant l'adjectif *en italique.***

un meuble *bas*, une table … • un garçon *peureux*, une fille … • un *nouveau* livre, une … revue • un regard *vif*, une allure … • un pantalon *léger*, une robe … • un homme *seul*, une femme … • un temps *orageux*, une journée … • un animal *doux*, une bête … • un homme *riche*, une personne … • un sac *neuf*, une trousse … .
     … /10

136   **Écris les adjectifs au masculin ou au féminin.**

un flan *sucré*, une tarte … | une fille *soigneuse*, un enfant …
un lit *moderne*, une lampe … | un aliment *gras*, une viande …
bon courage, … chance | une fille *franche*, un garçon …
un ciel *pur*, une eau … | un homme *actif*, une femme …
un âne *gris*, une mule … | un chat *curieux*, une chatte …
     … /10

PAR ♥

une autruche	menteur	seul	ver**t**, ver**te**
une écre**vis**se	ent**ier**	rude	une violette
une majuscule	enfantin	sup**e**rbe	une poch**ette**

73

46 l'accord des adjectifs

OBSERVE

un chapeau amusant — une veste amusante
des gants amusants — des chaussettes amusantes

c'est le chapeau qui est amusant
c'est la veste qui est amusante

ce sont les gants qui sont amusants
ce sont les chaussettes qui sont amusantes

un / des NOM**s** ADJECTIF**s**
une / des NOM**s** ADJECTIF**es**

RETIENS

- **L'adjectif qualificatif** s'accorde toujours avec le nom auquel il se rapporte (avec **ce qui est**…).
- L'adjectif est au masculin ou au féminin. On ajoute un **s** au pluriel.

137 Écris chaque groupe du nom avec le bon adjectif.

des personnes
une dame
un homme
des voisins
une vendeuse

gentil
gentils
gentille
gentilles

de l'herbe
un temps
des haricots
des noix
des fruits

sec
secs
sèche
sèches

… /10

138 Complète avec les adjectifs *en italique* en les accordant.

- Elle est sortie avec un short *bleu* et un pull *noir*.
  Il avait mis une chemise … et une veste … .
  Ils ont des chaussettes … et des chaussures … .

- C'est un garçon *adroit*.
  C'est une fille … .
  Ce sont des enfants … .
  Ce sont des joueuses … .

- Il a un vélo *neuf*.
  Elle a une voiture … .
  On loue des camions … .
  Ils ont deux motos … .

… /10

74

RÈGLES

139 **Dans chaque colonne, utilise l'adjectif *en italique* pour compléter les noms. Pense à l'accorder.**

blanc du pain ...
des cheveux ...
une pierre ...
des feuilles ...
des fromages ...

chaud des pulls ...
des robes ...
des manteaux ...
une veste ...
un bonnet ...

... / 10

140 **Écris cinq expressions en utilisant les noms de gauche et les adjectifs sur fond bleu. Accorde les adjectifs.**

Ex. : *des animaux (qui sont) sauvages.*

des animaux
des histoires   *qui est*
une caisse   *qui sont*
des bijoux

moderne   étrange
sauvage   drôle
léger   rare
vide   rapide

... / 5

141 **Complète ces phrases en accordant les adjectifs.**

Ils ramassent des pierres rond... . • Elle a les cheveux très long... . • Le dimanche, il mettait de beau... habits. • Des nuages gris... glissaient dans le ciel. • Le renard disparut dans les haut... herbes. • Achète des tomates bien rouge... . • Il porte sa chemise usé... . • Jules aime les plantes gras... . • Ta réponse n'est pas sot... . • Où sont les feutres noir... ?

... / 10

142 **Accorde les adjectifs entre parenthèses.**

C'est une brouette *(léger)*. • Il cultive de *(beau)* roses. • La couchette est un peu *(dur)*. • Ces confitures sont très *(sucré)*. • Rangez les assiettes *(plat)*. • Cette épingle est vraiment *(pointu)*. • C'était une *(joli)* locomotive. • Le bébé pleurait à *(chaud)* larmes. • Les raisins sont encore *(vert)*. • On s'achètera des outils plus *(pratique)*.

... / 10

PAR ♥

visible   dur   étran**ge**   grave
invi**s**ible   pur   in**j**uste   jeune
un adjectif   noir   matinal   moderne

75

47 l'accord sujet-verbe

OBSERVE

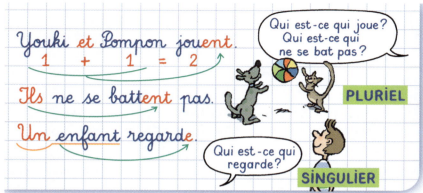

RETIENS

- **Le verbe s'accorde** toujours **avec son sujet**.
- Si le sujet est au singulier, le verbe est au singulier.
  Si le sujet est au pluriel, le verbe est au pluriel.
- Quand il y a deux sujets au singulier, le verbe est au pluriel.
- Le pluriel des verbes est marqué par les lettres **ent** :
  ils jouent, ils se battent.

143 Relie les sujets et les verbes qui vont ensemble, puis écris les phrases obtenues.

Les élèves		Martin	
Le capitaine	écoute.	Léa et Sandra	répond.
Mon camarade	écoutent.	David et Zoé	répondent.
Le gardien		Ma sœur	
Les joueurs		Mes frères	

… /10

144 Accorde chaque verbe avec son sujet.

Ex. : *Paul et Jean aim… le sport.* → *Paul et Jean aim**ent** le sport.*

Ces vieilles voitures ne roul… plus. • Clémentine et Hugo se sauv… . • Denis ferm… le garage. • Les pêcheurs ne sort… pas du port ce matin. • Ces canards ne vol… pas. • Mon oncle et ma tante vienn… nous rendre visite. • Le chaton saut… sur le canapé. • Les feuilles ne tomb… pas encore. • Les oreilles du lapin ne boug… pas. • Ces pastilles fond… à la chaleur.

… /10

RÈGLES

145 **Écris tous les pronoms personnels (je, tu, il, etc.) qui peuvent être les sujets des verbes suivants.**

Ex. : *... partagent la galette.* → **ils** *partagent,* **elles** *partagent.*

... te donne un disque. • ... lavaient les vitres. •
... ne travaillez plus. • ... ne finis pas la soupe. •
... ne mélangeons pas les jaunes et les blancs des œufs.

... / 10

146 **Complète par Tom ou bien par Marie et Julie.**

... sautent à la corde. • ... dessinent la lune. • ... s'approche
à pas de loup. • ... fabriquent un pantin. • ... ne se disputent
jamais. • ... se cache sous le lit. • ... passe le permis de
conduire. • ... savent faire des divisions. • Souvent, ... lave
la vaisselle. • ... s'entraînent au judo.

... / 10

▶ **147** **Accorde chaque verbe entre parenthèses avec son sujet.**

Cet enfant ne *(pleurer)* jamais. • Est-ce que les ours *(manger)*
du miel ? • Le chien et le chat *(dormir)* ensemble. •
Les moucherons *(tourner)* autour de la lampe. • Mon frère
et mon cousin *(regarder)* le match. • Son chien ne *(grogner)*
pas. • Est-ce que les jouets *(coûter)* cher ? • Le corbeau
et le merle *(s'envoler).* • Les pêcheurs *(se réunir)* à 17 heures. •
Les miettes de pain *(attirer)* les oiseaux.

... / 10

▶ **148** **Accorde chaque verbe entre parenthèses avec son sujet.**

Ces joueurs *(porter)* des maillots verts. • Le prince
et la princesse n'*(aimer)* pas la sorcière. • On l'*(obliger)*
à rester. • Mon père et ma mère *(travailler)* le samedi. •
Les deux sœurs ne *(se ressembler)* pas. • Elle n'*(écouter)*
jamais la radio. • Ce soir, les voitures n'*(avancer)* pas vite. •
Les élèves *(aimer)* la musique. • Papa *(éplucher)* souvent
les légumes. • Mathieu et Margot *(jouer)* de la guitare.

... / 10

PAR ❤

diriger	dire	tirer	pleurer
mélanger	conduire	diviser	laver
un mélange	la conduite	une division	le lav**age**

77

48 l'accord du participe passé employé avec être

OBSERVE

Les enfants sont sortis. La pluie est tombée.

Ce sont les enfants qui sont sortis.

C'est la pluie qui est tombée.

un garçon est sorti
une fille est sortie
des garçons sont sortis
des filles sont sorties

être (AUXILIAIRE) + participe passé — e / s / es

RETIENS

■ **Le participe passé** employé avec l'auxiliaire **être** s'accorde en genre et en nombre avec le sujet du verbe (avec **ce qui est**…).

■ On ajoute un **e** au féminin et un **s** au pluriel.

149 **Pour chaque phrase, écris seulement le verbe et son sujet, puis souligne ce qui est revenu.**

Ex. : *Cet hiver, les loups sont revenus dans la vallée.*
→ <u>les loups</u> sont revenus (Ce sont les loups **qui sont** revenus.)

Ma mère est revenue du marché. • Les filles sont revenues à pied. • Les gens sont revenus dans l'après-midi. • Ma sœur était revenue avant moi. • L'inspecteur est revenu à l'école.

… /5

150 **Accorde chaque participe passé en t'aidant de la question entre parenthèses.**

Ex. : *Les cigognes sont parti… en Afrique. (Qui est parti ?)*
→ *Les cigognes sont parties en Afrique.*

Une chienne a été perdu… près du bureau de poste. *(Qui a été perdu ?)* • Les tiges sont coupé… par la fleuriste. *(Qu'est-ce qui est coupé ?)* • Une villa sera loué… cet été pour un film. *(Qu'est-ce qui sera loué ?)* • Les devoirs sont fini… à l'étude. *(Qu'est-ce qui est fini ?)* • Les vitres seront lavé… chaque semaine. *(Qu'est-ce qui sera lavé ?)*

… /5

151 **Écris toutes les phrases possibles en respectant les accords.**

Elle est		Mes oncles étaient	
Elles sont	arrivé.	Mon cousin est	resté.
Il est	arrivée.	Ma tante est	restée.
Ils sont	arrivés.	Mes cousines sont	restés.
Sophie est	arrivées.	Mes parents étaient	restées.

... /10

152 **Souligne le sujet du verbe, puis complète le participe passé.**

Ex. : *Les portes sont déjà fermé... .*
→ *<u>Les portes</u> sont déjà fermé**es**.*

Lisa est maintenant devenu... sage. • Les enfants sont tous sorti... dans la cour. • Sa cachette a été trouvé... . • Le taureau est entré... dans l'arène. • Les moteurs seront démonté... avec soin. • Les clowns sont reparti... . • Deux coureurs se sont échappé... . • Elle était allé... se coucher. • Les pommes étaient épluché... pour la compote. • Les joueurs sont bien dirigé... par leur entraîneur.

... /10

153 **Accorde les participes passés en cherchant bien ce qui est.**

La hauteur est encore limité... ! • Ce miel sera récolté... au mois d'août. • Les pelouses sont bien entretenu... . • Nicolas, la leçon n'est pas terminé... ! • Deux écriteaux sont pendu... sous le préau. • La porte sera réparé... aujourd'hui. • Les cartes étaient rangé... dans le tiroir. • Les chatons étaient endormi... sur le lit. • Ces feuilles seront donné... aux parents. • Les canards seront enfermé... avant la nuit.

... /10

PAR

le ma**ri**	un li**qu**ide	une jumen**t**	une boulange**rie**
le n**ez**	la fati**gu**e	un gil**et**	un fleuriste
le **c**ou	la lan**gu**e	une **ger**be	une **dé**couv**er**te

49 l'accord du participe passé employé avec **avoir**

OBSERVE

Ils sont montés à l'échelle.
ÊTRE → être + V__é **e / s / es**

Ils ont trouvé un nid.
AVOIR → avoir + V__é
Jamais d'accord avec le sujet.

RETIENS

■ **Le participe passé** employé avec l'auxiliaire **avoir**
ne s'accorde jamais avec le sujet du verbe :
ils ont trouvé.

---

154 **Écris toutes les phrases possibles en respectant les accords.**
Regarde bien l'auxiliaire avant de répondre.

Ex. : *Elle a + joué.* → *Elle a joué.* (auxiliaire *avoir*)

Ils ont
Ils sont   Elle est   joué.
Vous avez   Elle a   venue.
Nous avons   venus.

... / 5

155 **Accorde les participes passés employés avec être,**
mais pas ceux employés avec avoir.

avoir couru   → Deux joueurs ont cour... vers leur capitaine.
être mangé   → Cette dinde sera mang... pour Noël.
être tombé   → La neige est tomb... pendant la nuit.
avoir brossé → La fillette a bross... ses cheveux.
avoir averti → Les enfants avaient avert... leurs copains.

... / 5

PAR ♥

un moin**eau**   une mou**ette**   Noël   une id**ée**
un écrit**eau**   une maisonn**ette**   le miel   une entr**ée**
une **é**pine   des lun**ettes**   le sel   la ros**ée**

80

50 l'accord des participes passés : principe général

OBSERVE

RETIENS

- Un participe passé s'accorde avec **ce qui est**..., comme un adjectif, mais seulement **si on a déjà écrit ce qui est** quand on écrit le participe passé.
- On ajoute alors un **e** au féminin et un **s** au pluriel.

156 Réponds aux questions pour bien compléter et accorder.
- Ces outils sont utile… . *(Qu'est-ce **qui est** utile ?)*
- Cette vitrine est bien décoré… . *(Qu'est-ce **qui est** décoré ?)*
- C'est le trésor qu'elle a trouvé… . *(Qu'est-ce **qui est** trouvé ?)*
- La banque est fermé… . *(Qu'est-ce **qui est** fermé ?)*
- Les filles se sont lavé… . *(Qui est-ce **qui est** lavé ?)*

… /5

157 Cherche bien **ce qui est** avant de compléter.
- Juliette riait, amusé… par les chatons.
  *(**Qui est** amusé ?)*
- Ces jouets, je les ai gagné… à la fête.
  *(Qu'est-ce **qui est** gagné ?)*
- Ce sont les fleurs qu'elle a dessiné… .
  *(Qu'est-ce **qui est** dessiné ?)*
- Ce jour-là, Maria et Lisa s'étaient perdu… .
  *(**Qui était** perdu ?)*
- Range les œufs que j'ai acheté… .
  *(Qu'est-ce **qui est** acheté ?)*

… /5

81

51 l'infinitif

OBSERVE

RETIENS

- Un verbe a toujours un **infinitif**.
- Quand on écrit un verbe, il faut penser à son infinitif.
  On le trouve en se demandant : il s'agit de *quoi faire ?*
  Elle achète → *il s'agit de quoi faire ? d'acheter* (infinitif).

158 **Complète les verbes à l'infinitif.**

arriv… à l'heure, rest… debout, ouvr… les yeux, voul… un jouet, parl… fort, atten… le métro, march… au pas, part… en avion, ren… service, sav… sa leçon. … /10

159 **Écris l'infinitif des dix verbes qui sont *en italique*.**

L'orage *gronde*. • J'*écris* à mon frère. • On *fera* la vaisselle. • Elle *répond* correctement. • Tu *peux* réussir si tu *veux*. • Je te *cherchais* partout. • Ils *disent* la vérité. • Les veaux *grossissent* vite. • Elle *revenait* chaque jour. … /10

▶ **160** **Écris l'infinitif des verbes *en italique*.**

Vas-tu à la piscine ? • Elle *viendra* à midi. • Il *veut* se coucher tôt. • On *voit* les montagnes. • Est-ce que je *mets* mes bottes ? • Il *buvait* du lait. • Je lui *tends* la main. • Je *crois* à cette histoire. • Vous *courez* vite. • On *posera* les sacs. … /10

PAR ♥

usé	un a**s**tre	vouloir	une ca**s**e	une voile
l'u**s**age	le ven**t**re	valoir	une cuve	une toile

52 la personne

RÈGLES

OBSERVE

SINGULIER		PLURIEL

1re personne

Je pars. — Nous partons.

2e personne

Tu pars? — Vous partez?

3e personne

Il part. — Ils partent.

elle, on   elles

⚠️ 🧍+🧍 = *ils*   🧍+🧍 = *ils*   🧍+🧍 = *elles*

RETIENS

■ Un verbe peut être conjugué à **trois personnes au singulier** :
1re personne (**je**), 2e personne (**tu**) et 3e personne (**il**, **elle**, **on**).

■ Un verbe peut être conjugué à **trois personnes au pluriel** :
1re personne (**nous**), 2e personne (**vous**) et 3e personne (**ils**, **elles**).

---

161 **À quels noms sur fond bleu correspondent il(s) et elle(s) ?**

Elle arrive.   Julie
Elles arrivent.   Paul
Il arrive.   Julie et Paul
Ils arrivent.   Tom et Léo
                    Julie et Nina

Il entre.   Papa
Elle entre.   mes sœurs
Ils entrent.   Maman
Elles entrent.   Maman et Papa
                    Louis et Nadia

... /10

162 **Complète ces phrases par je, tu, nous ou vous.**

... viendrons dimanche, ont écrit Anne et Mathis. ● Maman
me demande : « Est-ce que ... as fermé la porte ? » ● Comme
... voudrais être en vacances ! se dit Karim. ● ... voulez
venir chez moi ? demande Pierre à ses cousins. ● ... as tout
juste, a écrit la maîtresse sur le cahier de Carole.

... /5

PAR ♥

un paren**t**   une **t**au**p**e   un bill**et**   le bor**d**
un p**i**é**t**on   un **t**au**r**eau   un broch**et**   la bordure
un patron   **m**au**v**e   un abrico**t**   le rebor**d**

83

53 le temps

OBSERVE

avant — *J'étais un bébé.* — **passé**

maintenant — *Je suis grand.* — **présent**

après, plus tard — *Je serai une grande personne.* — **futur**

RETIENS

■ Il faut toujours savoir à quel **temps** un verbe est conjugué :
– si l'action se passe *en ce moment*, le verbe est au **présent** ;
– si l'action *a déjà eu lieu*, le verbe est à un temps du **passé** ;
– quand l'action *aura lieu plus tard*, le verbe est au **futur**.

163 **L'action a-t-elle lieu dans le passé, le présent ou le futur ?**

Hier, on a visité une usine. ● Demain, nous recevrons nos amis. ● L'hiver prochain, j'irai skier. ● Mardi dernier, nous sommes allés au cinéma. ● Aujourd'hui, je suis à l'école. ● Ce matin, papa a lavé la voiture. ● En ce moment, il promène son chien. ● L'an prochain, je serai au cours moyen. ● Je me baignais souvent, l'été dernier. ● Maintenant, j'aime bien lire.

... / 10

164 **Pour chaque verbe *en italique*, indique si l'action a lieu dans le passé, dans le présent ou dans le futur.**

Quand j'étais petit, je *jouais* toujours. ● Lorsque je serai grand, je *conduirai* un camion. ● Couche-toi, *dit* maman. ● Je te *donnerai* cette boîte quand elle sera vide. ● Est-ce que tu *veux* du riz ? ● Papa me *portait* sur ses épaules. ● On t'*enverra* une carte. ● Je me *suis regardée* dans le miroir. ● Ils *habitent* ici. ● Vous *oubliez* vos clés.

... / 10

PAR ♥

le pass**é**   une parti**e**   un produi**t**   **sau**vage

pass**er**   part**ir**   prod**uire**   **sau**ver

54 — être et avoir au présent de l'indicatif

OBSERVE

RETIENS

■ Au présent de l'indicatif, les verbes **avoir** et **être** s'écrivent :
— avoir : j'**ai**, tu **as**, il **a**, nous **avons**, vous **avez**, ils **ont** ;
— être : je **suis**, tu **es**, il **est**, nous **sommes**, vous **êtes**, ils **sont**.

165 Complète ces phrases par le verbe avoir ou par le verbe être.

Il ... un frère. • Nous ... contents. • Nous ... le temps. • Ils ... huit ans. • Je ... curieux. • Elle ... amusante. • Tu ... des billes. • J'... un piano. • Vous ... à la gare. • Tu ... fort. ... / 10

166 Complète ces phrases par le verbe avoir ou par le verbe être.

Les chevaux ... à l'écurie. • Nous ... un bassin avec des poissons. • Cet homme ... vieux : il ... une canne. • Vous ... plus grande que moi. • Ces lunettes ... en plastique. • Tu ... un joli collier. • Vous ... une belle voiture. • Nous ... chez mes grands-parents. • Elles ... au cinéma. ... / 10

167 Complète ces phrases par ai (avoir), es ou est (être).

Mon voisin ... gentil. • Je n'... pas de vélo. • Tu n'... pas en avance ! • Cécilia ... brune. • J'... une boîte en bois. • Il n'... pas encore là. • Elle n'... pas très sportive. • ...-tu peureux ? • Je n'... plus d'encre. • ...-il bientôt midi ? ... / 10

les verbes fondamentaux au présent de l'indicatif

OBSERVE

donner	**finir**	**venir**
je donn**e**	je fini**s**	je vien**s**
tu donn**es**	tu fini**s**	tu vien**s**
il donn**e**	il fini**t**	il vien**t**
nous donn**ons**	nous fin**iss**ons	nous ven**ons**
vous donn**ez**	vous fin**iss**ez	vous ven**ez**
ils donn**ent**	ils fin**iss**ent	ils vie**nn**ent

faire	**dire**	**prendre**
je fai**s**	je di**s**	je pren**ds**
tu fai**s**	tu di**s**	tu pren**ds**
il fai**t**	il di**t**	il pren**d**
nous fai**sons**	nous dis**ons**	nous pren**ons**
vous **faites**	vous **dites**	vous pren**ez**
ils font	ils dis**ent**	ils pre**nn**ent

vouloir	**pouvoir**	**aller**
je veu**x**	je peu**x**	je vai**s**
tu veu**x**	tu peu**x**	tu va**s**
il veu**t**	il peu**t**	il **va**
nous voul**ons**	nous pouv**ons**	nous all**ons**
vous voul**ez**	vous pouv**ez**	vous all**ez**
ils veul**ent**	ils peuv**ent**	ils vont

RETIENS

■ Le **présent** indique qu'une action a lieu au moment où l'on parle : *En ce moment, je lis la leçon.*

168 **Écris les verbes au présent de l'indicatif, à la 1ʳᵉ personne du singulier (je) et à la 1ʳᵉ personne du pluriel (nous).**

dire bonjour, *prendre* une photo, *vouloir* de l'eau, *finir* dans une heure, *faire* des bulles. …/10

169 **Trouve les verbes qui contiennent un verbe du tableau ci-dessus.**

comprendre, courir, devenir, fabriquer, défaire, produire, définir, redire, partir, se souvenir, contredire, pardonner, s'enfuir, parler, conduire, refaire, boire, apprendre. …/10

170 Dans ces phrases, écris les verbes entre parenthèses au présent de l'indicatif.

Je *(aller)* aussi vite que toi. • Dans ce jeu, le joueur *(donner)* sept cartes aux autres. • Ces touristes *(venir)* de très loin. • Nous *(apprendre)* toujours nos leçons après le goûter. • Vous *(pouvoir)* parler plus fort. • Je *(revenir)* en courant. • Tu *(dire)* ce que tu *(vouloir)*. • Ils *(aller)* partir en voiture. • Elles *(comprendre)* toujours tout ! ... /10

171 Écris d'abord l'infinitif des verbes *en italique*, puis souligne les cinq verbes qui sont au présent de l'indicatif.

Ces oranges *provenaient* du Maroc. • Je *finis* mes devoirs. • Est-ce que tu *viens* jouer avec nous ? • Les acheteurs *disent* que le produit *était* trop cher. • Vous *faites* beaucoup trop de bruit ! • Les voyageurs *prenaient* leurs valises et *s'en allaient* d'un pas rapide. • Il *voudrait* laver les vitres du magasin. • *Pouvons*-nous manger une choucroute ? ... /10

172 Dans ce texte, souligne d'abord les verbes qui sont au présent de l'indicatif, puis écris leur infinitif.

Arthur veut sortir la voiture du garage, mais il ne peut pas à cause d'un camion mal garé. Son père, qui était à la fenêtre, vient et prend le volant. Mais un vélo était contre le mur...
– Attention à mon vélo, papa ! dit Arthur qui se tient la tête à deux mains. Et tu vas sur le gazon !
– Tu te fais trop de souci, dit le père.
Et il finit par sortir la voiture du garage en roulant sur la pelouse... ... /10

PAR ♥

per**dre**	ven**dre**	un car**net**	une chen**ille**
le per**dant**	un v**en**deur	un liv**ret**	une past**ille**
une perte	la v**en**te	le chocola**t**	la chev**ille**

56 le présent de l'indicatif (1)

OBSERVE

> Maintenant, en ce moment, je joue de la guitare.

> Tu joues bien!

> Il joue bien.

je joue
tu joues
il joue
nous jouons
vous jouez
ils jouent

verbes terminés par **_er** (comme jouer)	
je	_**e**
tu	_**es**
il, elle, on	_**e**
nous	_**ons**
vous	_**ez**
ils, elles	_**ent**

RETIENS

■ Au **présent de l'indicatif**, les terminaisons des verbes en **-er** (comme *jouer*) sont : **-e**, **-es**, **-e**, **-ons**, **-ez**, **-ent**.

---

173 **Pour chaque verbe, écris toutes les personnes possibles.**

... approchent | ... passons | ... se sauve
... sonnes | ... s'amusent | ... dessinez.

... / 10

174 **Quels verbes se conjuguent comme jouer ?**

danser, courir, sauter, bouger, rire, chanter, conduire, acheter, attendre, rester, donner, perdre, revenir, tourner, voler, vouloir, trouver.

... / 10

▶ **175** **Écris les verbes entre parenthèses au présent de l'indicatif.**

Il *(regarder)* des images. • Tu *(marcher)* vite. • La voiture *(reculer)*. • Vous *(partager)* la tarte. • Papa *(pêcher)* sur son bateau. • Il *(démonter)* son vélo. • Ils *(repasser)* de temps en temps. • Je te *(donner)* ce livre. • Nous *(fabriquer)* une échelle. • On *(se brosser)* les dents matin et soir.

... / 10

PAR ❤

écouter   cri**er**   une pi**o**che   le ta**p**age
repa**ss**er   nou**er**   pi**o**cher   tap**er**

57 le présent de l'indicatif (2)

OBSERVE

RETIENS

- Au **présent de l'indicatif**, les terminaisons des verbes en **-ir** (comme *servir*), en **-oir** (comme *savoir*), en **-re** (comme *lire*) sont : **-s**, **-s**, **-t**, **-ons**, **-ez**, **-ent**.
- Les verbes du 2ᵉ groupe (comme *finir*) font **-issons**, **-issez**, **-issent** aux personnes du pluriel : *nous finissons, vous finissez, ils finissent*.

176 Pour chaque verbe, écris toutes les personnes possibles.

… partez, … dorment, … vit, … sais, … conduisons, … écrivez.

… / 10

177 Complète les verbes par s ou t.

Je ri… fort. • Il rugi… . • Tu le croi… ? • Je verni… un pot. • Je boi… du lait. • Elle me puni… . • On s'enfui… . • Je m'endor… • On sui… la route. • Tu écri… bien.

… / 10

▶ 178 Écris les verbes entre parenthèses au présent de l'indicatif.

Ils *(sortir)* du spectacle. • La souris *(s'enfuir)* devant le chat. • Vous *(grandir)* beaucoup. • Le poulet *(cuire)* dans le four. • Nous *(inscrire)* ton nom sur la liste. • Je t'*(avertir)* qu'on est frileux. • Elle *(vivre)* seule. • Tu *(rougir)* quand on te parle. • Nous *(courir)* très vite. • Je *(voir)* une chenille.

… / 10

PAR ♥   gar**nir**   ru**gir**   pu**nir**   viv**re**   croi**re**   écri**re**

89

58 le présent de l'indicatif (3)

OBSERVE

Maintenant, en ce moment, tu attends?

Oui, j'attends.

Ils attendent.

j'attends
tu attends
elle attend
nous attendons
vous attendez
ils attendent

verbes terminés par __dre
(comme attendre)

je __ds
tu __ds
il, elle, on __d
nous __ons
vous __ez
ils, elles __ent

RETIENS

■ Au **présent de l'indicatif**, les terminaisons des verbes en **-dre** (comme *attendre*) sont : **-ds**, **-ds**, **-d**, **-ons**, **-ez**, **-ent**.

179 **Pour chaque verbe, écris toutes les personnes possibles.**

... descend, ... répondez, ... vends, ... prennent, ... apprends.

... / 10

180 **Complète les verbes au présent de l'indicatif.**

Tu répon... vite. | Elles perd... la partie.
On compren... bien. | La neige fon... au soleil.
Elle éten... la pâte. | Ils entend... la sonnette.
Je cou... un bouton. | Nous attend... notre tour.
Il ton... l'herbe. | Je pren... un mouchoir.

... / 10

181 **Écris les verbes entre parenthèses au présent de l'indicatif.**

Elles *(rendre)* les livres. ● *(Vendre)*-vous des timbres ? ● Lili *(reprendre)* sa place. ● Tu *(apprendre)* à lire ? ● La terre gelée *(se fendre)*. ● Je *(suspendre)* les mobiles. ● Ce chien *(défendre)* son maître, mais il ne *(mordre)* pas. ● Ta coiffure me *(surprendre)*. ● Les gens les *(confondre)*.

... / 10

PAR ❤

moudre   fondre   une villa   l'hiver   un robin**et**

pondre   tondre   une borne   l'heure   un tabour**et**

90

59 le présent de l'indicatif : révision

OBSERVE

Il arrive, je l'aperçois, on applaudit, elle lui tend un bouquet.

verbes en __er	verbes en __ir, __oir, __re	verbes en __dre
je __e	je __s	je __ds
tu __es	tu __s	tu __ds
il __e	elle __t	on __d

RETIENS

■ Au **présent de l'indicatif**, les terminaisons du singulier dépendent de l'infinitif du verbe.

182 Classe ces verbes en 3 groupes, comme dans le tableau ci-dessus.

lire, jouer, attendre, voir, rire, rougir, apporter, reprendre, laisser, vendre. ... /10

183 Complète les verbes par **e**, **t** ou **d**.

Il cherch... ses gants.
On appui... fort.
Elle s'endor... vite.
Céline ne répon... pas.
Gabriel grandi... encore.

On reçoi... ses amis.
Elle appren... une leçon.
Il envoi... un colis.
Cette rose sen... bon.
L'oiseau s'envol... . ... /10

184 Écris les verbes entre parenthèses au présent de l'indicatif.

Nous *(planter)* des sapins. • On *(partir)* en voyage. • Son chat *(attraper)* des papillons. • Elle *(conduire)* une jolie voiture. • Je *(finir)* le problème. • Le cheval *(suivre)* le chemin. • Tu *(sonner)* toujours trois fois. • Je *(boire)* beaucoup d'eau. • Quand tu *(faire)* attention, tu *(comprendre)* vite. ... /10

| montrer | durer | baver | une le**ç**on |
| une montre | la dur**ée** | une bav**ette** | un écolier |

RÈGLES

91

les verbes fondamentaux à l'imparfait de l'indicatif

OBSERVE et RETIENS

avoir		**être**		**faire**	
j'	avais	j'	étais	je	**fai**sais
tu	avais	tu	étais	tu	**fai**sais
il	avait	il	était	il	**fai**sait
nous	avions	nous	étions	nous	**fai**sions
vous	aviez	vous	étiez	vous	**fai**siez
ils	avaient	ils	étaient	ils	**fai**saient

donner		**finir**		**pouvoir**	
je	donnais	je	fin**iss**ais	je	pouvais
tu	donnais	tu	fin**iss**ais	tu	pouvais
il	donnait	il	fin**iss**ait	il	pouvait
nous	donnions	nous	fin**iss**ions	nous	pouvions
vous	donniez	vous	fin**iss**iez	vous	pouviez
ils	donnaient	ils	fin**iss**aient	ils	pouvaient

prendre		**dire**		**aller**	
je	prenais	je	disais	j'	allais
tu	prenais	tu	disais	tu	allais
il	prenait	il	disait	il	allait
nous	prenions	nous	disions	nous	allions
vous	preniez	vous	disiez	vous	alliez
ils	prenaient	ils	disaient	ils	allaient

185 Écris les verbes à l'imparfait, à la 1ʳᵉ personne du singulier (je).

lui *donner* raison, *pouvoir* pêcher, *aller* à la gare et *prendre* le train, *avoir* le temps. ... /5

186 Écris les verbes à l'imparfait, à la 1ʳᵉ personne du pluriel (nous).

faire la roue, *finir* tard, *être* ici, tout *dire*, *comprendre* vite. ... /5

▶ **187** Écris les verbes entre parenthèses à l'imparfait de l'indicatif.

Elle *(avoir)* dix ans. • Il *(reprendre)* sa place. • Ils *(être)* en tête. • Tu *(refaire)* le devoir. • Vous *(dire)* des sottises. • On ne *(pouvoir)* rien dire. • Elle lui *(redonner)* du courage. • Je *(finir)* avant toi. • Nous *(aller)* venir. • On *(apprendre)* les mots par cœur. ... /10

61 l'imparfait de l'indicatif (1)

RÈGLES

OBSERVE

Autrefois, souvent, je jouais, on riait.

Avant, hier...
je jouais
tu jouais
elle jouait
nous jouions
vous jouiez
elles jouaient

terminaisons de l'imparfait	
je	__ais
tu	__ais
il, elle, on	__ait
nous	__ions
vous	__iez
ils, elles	__aient

⚠ grandir : je grandissais, il grandissait...

RETIENS

■ **L'imparfait de l'indicatif** est un temps du passé.
Ses terminaisons sont les mêmes pour tous les verbes :
-ais, -ais, -ait, -ions, -iez, -aient.

---

188 **Complète les verbes à l'imparfait de l'indicatif.**

sonner → *Chaque fois*, je sonn..., il sonn... .
traverser → *Souvent*, je travers..., nous travers... .
revenir → *Autrefois*, tu reven..., vous reven... .
construire → *L'an passé*, il construis..., elles construis... .
perdre → *En ce temps-là*, on perd..., ils perd... .

... / 10

189 **Écris les verbes à la 1ʳᵉ personne du singulier et du pluriel de l'imparfait de l'indicatif (je, nous).**

montrer le chemin, *tenir* sa promesse, *répondre* juste,
avertir ses amis, *conduire* calmement.

... / 10

▶ **190** **Écris les verbes entre parenthèses à l'imparfait de l'indicatif.**

Je *(sortir)* le soir.
Tu *(écrire)* beaucoup.
Il *(saluer)* la foule.
On *(devoir)* tout savoir.
Elle *(obéir)* bien.

Nous *(chanter)* la victoire.
Vous *(partir)* très tôt.
Ils *(fleurir)* leur magasin.
Elles *(se promener)* à pied.
Les lions *(rugir)* au loin.

... / 10

93

62 l'imparfait de l'indicatif (2)

OBSERVE

L'année passée, souvent, je nageais, puis je lançais le ballon.

verbes terminés par _ger

je nageais
tu nageais
il nageait
nous nagions
vous nagiez
ils nageaient

V_geais geait geaient

verbes terminés par _cer

je lançais
tu lançais
il lançait
nous lancions
vous lanciez
ils lançaient

V_çais çait çaient

RETIENS

■ Les verbes terminés à l'infinitif par **-ger** s'écrivent **-ge-** quand la terminaison commence par un **a** : *je nageais, il nageait...*

■ Les verbes terminés à l'infinitif par **-cer** s'écrivent **-ç-** quand la terminaison commence par un **a** : *je lançais, il lançait...*

---

191 **Complète à l'imparfait de l'indicatif. Pense à la cédille du c !**

changer → *Autrefois*, je chang..., il chang... .
bercer → *Il y a longtemps*, tu berc..., elle berc... .
ranger → *Souvent*, nous rang..., ils rang... .
remplacer → *L'an passé*, on remplac..., vous remplac... .
voyager → *Avant*, je voyag..., elles voyag... .

... / 10

192 **Écris les verbes entre parenthèses à l'imparfait de l'indicatif.**

Je *(lacer)* mes tennis.
Tu *(tracer)* des ronds.
Il *(manger)* des fruits.
Elle *(diriger)* les autres.
On *(percer)* des trous.

Nous *(loger)* à la ferme.
Ils *(annoncer)* les résultats.
Elles *(partager)* notre repas.
Vous *(avancer)* par deux.
Je *(plonger)* souvent.

... / 10

PAR ❤

un re**qu**in
plon**g**er

un mouvement
un murmu**re**

une **s**alle
une sem**elle**

la for**ce**
une pla**ce**

94

les verbes fondamentaux au futur de l'indicatif

OBSERVE et RETIENS

	avoir		**être**		**faire**
j'	aurai	je	serai	je	ferai
tu	auras	tu	seras	tu	feras
il	aura	il	sera	il	fera
nous	aurons	nous	serons	nous	ferons
vous	aurez	vous	serez	vous	ferez
ils	auront	ils	seront	ils	feront

	donner		**finir**		**pouvoir**
je	donnerai	je	finirai	je	pourrai
tu	donneras	tu	finiras	tu	pourras
il	donnera	il	finira	il	pourra
nous	donnerons	nous	finirons	nous	pourrons
vous	donnerez	vous	finirez	vous	pourrez
ils	donneront	ils	finiront	ils	pourront

	prendre		**venir**		**aller**
je	prendrai	je	viendrai	j'	irai
tu	prendras	tu	viendras	tu	iras
il	prendra	il	viendra	il	ira
nous	prendrons	nous	viendrons	nous	irons
vous	prendrez	vous	viendrez	vous	irez
ils	prendront	ils	viendront	ils	iront

RÈGLES

193 **Écris les verbes au futur, à la 1re personne du singulier (je).**
finir ses devoirs, *donner* du lait au chat, *faire* le ménage, *aller* en voiture, *prendre* le train. ... /5

194 **Écris les verbes au futur, à la 3e personne du singulier (il ou elle).**
venir à midi, *avoir* soif, *être* heureux, *pouvoir* lire, tout *refaire*. ... /5

▶ **195** **Écris les verbes entre parenthèses au futur de l'indicatif.**
Tu *(avoir)* chaud. • Je *(revenir)* à pied. • Nous *(être)* en retard. • Ils *(apprendre)* la leçon. • Vous *(défaire)* le lit. ... /5

95

64 le futur de l'indicatif (1)

OBSERVE

Plus tard, tout à l'heure, je partirai...

Après, demain...

je	partirai
tu	partiras
il	partira
nous	partirons
vous	partirez
ils	partiront

terminaisons du futur

je	__**rai**
tu	__**ras**
il, elle, on	__**ra**
nous	__**rons**
vous	__**rez**
ils, elles	__**ront**

RETIENS

■ **Le futur de l'indicatif** indique une action qui se passera plus tard. Au futur, les terminaisons sont toujours les mêmes : **-rai**, **-ras**, **-ra**, **-rons**, **-rez**, **-ront**.

---

196 **Complète les verbes au futur de l'indicatif.**

dire → *Demain*, on di..., ils di... .
suivre → *Tout à l'heure*, je suiv..., tu suiv... .
lire → *Après*, tu li..., vous li... .
recevoir → *Plus tard*, nous recev..., elles recev... .
conduire → *Dans dix ans*, il condui..., je condui... .

... / 10

197 **Écris les verbes à la 1ʳᵉ et à la 3ᵉ personne du singulier du futur.**

remplir la bouteille, *comprendre* le problème, *poursuivre* son chemin, *vendre* cette maison, *écrire* une carte.

... / 10

▶ **198** **Écris les verbes entre parenthèses au futur de l'indicatif.**

Je *(boire)* de l'eau.
Tu *(vouloir)* bien ?
Il *(répondre)* juste.
On *(dormir)* chez eux.
On *(attendre)* le bus.

Nous *(recevoir)* ta lettre.
Vous *(garnir)* le sapin.
Ils *(reproduire)* ce dessin.
Elle *(construire)* une cabane.
Elles *(réunir)* la famille.

... / 10

65 le futur de l'indicatif (2)

OBSERVE

Plus tard, tout à l'heure, je goûterai et je jouerai.

Après, demain...

je jouerai
tu joueras
elle jouera
nous jouerons
vous jouerez
elles joueront

On voit l'infinitif dans le verbe conjugué.

verbes terminés par __er
je __erai
tu __eras
il, elle, on __era
nous __erons
vous __erez
ils, elles __eront

RETIENS

■ Au **futur**, les verbes du 1er groupe gardent l'infinitif entier dans la conjugaison. Pour certains verbes, comme *jouer*, il ne faut pas oublier le **e** qui est muet : *je jouerai, tu joueras, il jouera…*

199 **Complète les verbes au futur de l'indicatif.**

parler → *Demain*, elle parl…, elles parl… .
tourner → *Après*, je tourn…, on tourn… .
couper → *Plus tard*, je coup…, ils coup… .
marcher → *Bientôt*, nous march…, vous march… .
crier → *Tout à l'heure*, tu cri…, il cri… .

… /10

▶ **200** **Écris les verbes entre parenthèses au futur de l'indicatif.**

Je *(calculer)* ma note.
Tu *(avaler)* ces pastilles.
Il *(nouer)* sa cravate.
Elle *(lever)* la main.
On *(continuer)* la partie.

Nous *(dépenser)* tout !
Vous *(louer)* une barque.
Nous *(travailler)* à l'étude.
Elles *(copier)* la poésie.
Ils *(rentrer)* à midi.

… /10

fid**è**le
le tr**è**fle
un probl**è**me

l**é**ger
l**é**cher
un tr**é**sor

se mo**qu**er
se fati**gu**er
s'envoler

un **â**ne
le cr**â**ne
un b**â**ton

66 les verbes fondamentaux au passé composé

OBSERVE et RETIENS

	avoir		**être**		**aller**
j'	ai **eu**	j'	ai **été**	je	suis allé
tu	as **eu**	tu	as **été**	tu	es allé
il	a **eu**	il	a **été**	il	est allé
nous	avons **eu**	nous	avons **été**	nous	sommes allés
vous	avez **eu**	vous	avez **été**	vous	êtes allés
ils	ont **eu**	ils	ont **été**	ils	sont allés
	donner		**finir**		**pouvoir**
j'	ai donné	j'	ai fini	j'	ai pu
tu	as donné	tu	as fini	tu	as pu
il	a donné	il	a fini	il	a pu
nous	avons donné	nous	avons fini	nous	avons pu
vous	avez donné	vous	avez fini	vous	avez pu
ils	ont donné	ils	ont fini	ils	ont pu
	prendre		**dire**		**faire**
j'	ai pris	j'	ai dit	j'	ai fait
tu	as pris	tu	as dit	tu	as fait
il	a pris	il	a dit	il	a fait
nous	avons pris	nous	avons dit	nous	avons fait
vous	avez pris	vous	avez dit	vous	avez fait
ils	ont pris	ils	ont dit	ils	ont fait

201 Écris les verbes *en italique* au passé composé, à la 1ʳᵉ personne du singulier (je).

donner sa langue au chat, *pouvoir* le porter, *prendre* l'air, *aller* au zoo, *avoir* de la chance. ... /5

202 Écris les verbes entre parenthèses au passé composé.

On *(faire)* les courses. ● Elle *(être)* triste. ● Ils *(reprendre)* le train. ● Tu *(dire)* merci. ● J'*(finir)* ma viande. ... /5

203 Écris les verbes entre parenthèses au passé composé.

Vous *(pouvoir)* venir. ● Nous *(comprendre)*. ● On le *(redire)*. ● Elles *(refaire)* le paquet. ● Ils lui *(pardonner)*. ... /5

le passé composé de l'indicatif

OBSERVE

Hier, j'ai mangé deux tartines, j'ai bu du lait et je suis parti pour l'école.

j'ai mangé	j'ai bu	je suis parti
tu as mangé	tu as bu	tu es parti
il a mangé	il a bu	il est parti
nous avons mangé	nous avons bu	nous sommes partis
vous avez mangé	vous avez bu	vous êtes partis
ils ont mangé	ils ont bu	ils sont partis

RETIENS

■ **Le passé composé** indique une action qui est passée.
Il est formé de deux mots : un **auxiliaire** *(avoir ou être)* et le **participe passé** du verbe conjugué :
il a mangé, il est parti.

■ Au passé composé, l'auxiliaire est au présent de l'indicatif.

---

204 Complète les participes passés par é, u ou i.

lire → Elle **a** l… les deux livres.
demander → Nous lui **avons** demand… son nom.
penser, réussir → J'**ai** pens… à toi. Tu **as** réuss… !
devenir → Il **est** deven… riche.

… /5

205 Complète les participes passés par é, u ou i.

grandir, grossir → Max **a** grand… et il **a** gross… .
arriver → Il **est** arriv… hier soir.
garnir → Nous **avons** garn… le sapin.
revoir → Ils **ont** rev… ce film.

… /5

206 Trouve les verbes dont le participe passé se termine par -**u**.

avertir, tordre, mélanger, jaunir, lire, fabriquer, perdre, courir, échapper, vouloir, calculer.

… /5

99

207 **Souligne avoir ou être, puis complète par é, u ou i.**

Ex. : *J'ai mang... deux tartines.* → *J'ai mangé deux tartines.*

J'ai dîn... avec Audrey. • Il est sort... il y a une minute. •
Il s'est dirig... vers le cirque. • Tu as saut... à la corde. •
Nous avons aperç... Lisa dans la rue. • Il s'est endorm... . •
Elle a arrêt... sa voiture. • Nous avons cour... . • On a jet...
des papiers. • Je t'ai répond... .   ... /10

208 **Trouve les verbes dont le participe passé se termine par -i.**

se souvenir, raconter, blanchir, fondre, dormir, boire,
changer, rendre, vernir, tondre, devenir, murmurer,
maigrir, répondre, sortir, enlever, croire.   ... /5

▶**209** **Complète les verbes au passé composé.**

Ex. : *Nous ... chant... ensemble.* → *Nous **avons** chanté.*

Ils ... attend... votre lettre. • Elle ... maigr..., car elle mange
moins de sucre. • Nous ... recul... dans la côte. • Ils ...
perd... le match. • On ... plant... deux poiriers. • Romane
et Camille ... bavard... toute la matinée. • La neige ...
blanch... les prés. • Il n'... pas arriv... le premier. • ...-vous
reten... son numéro de téléphone ? • On ... suiv... ses pas.
                                                          ... /10

▶**210** **Écris les verbes entre parenthèses au passé composé.**

Ex. : *Tu (recoudre) les boutons.* → *Tu **as recousu** les boutons.*

Léana *(trouver)* la bonne réponse. • L'escargot *(sortir)*
de sa coquille. • La neige *(fondre)* en quelques heures. •
Les chiens *(suivre)* Tomi jusqu'à la porte de l'école. •
Tu *(vouloir)* venir avec moi. • Nous *(éplucher)* les pommes
de terre. • Les poules *(pondre)* beaucoup d'œufs. • Je ne sais
pas pourquoi vous *(punir)* cet enfant. • Nous *(croire)* à
son histoire. • Les ouvriers *(démonter)* les moteurs. ... /10

PAR ❤

traire	redevenir	avertir	un cornet
réduire	se souvenir	vernir	une corne
une couverture	provenir	la victoire	une corniche

les participes passés en –is et –it

OBSERVE

J'ai pris un livre, j'ai mis mon pyjama et j'ai dit : « bonsoir ! »

prendre	mettre	dire
une chose qui est prise.	une chose qui est mise.	une chose qui est dite.
j'ai pris	j'ai mis	j'ai dit
il a pris	il a mis	il a dit
avoir pris	**avoir mis**	**avoir dit**

RETIENS

■ Certains **participes passés** se terminent toujours par **-is** ou par **-it** : *pris, mis, dit*.
Pour les reconnaître, il faut penser au féminin qui fait entendre la dernière lettre : *j'ai pri**s** → une chose qui est pri**se***.

---

211 **Complète les expressions au féminin.**

On a mi**s** → une chose *qui est* mi…
Il a écri**t** → une lettre *qui est* écri…
On a appri**s** → une leçon *qui est* appri…
Il a condui**t** → une voiture *qui est* condui…
Tu as promi**s** → une chose *qui est* promi…

… /5

212 **Ajoute le s ou le t muet en t'aidant du féminin.**

Tu as di… la vérité. *(une chose qui est dite)* • Il est assi… . *(une fille qui est assise)* • On a interdi… le passage. *(une rue qui est interdite)* • J'ai surpri… mon frère. *(une personne qui est surprise)* • On a tout compri… . *(une leçon qui est comprise).*

… /5

▶ **213** **Ajoute le s ou le t muet en pensant au féminin.**

Elle a fai… le lit. • J'ai mi… un pull. • Il a construi… un mur. • Elle a ouver… la porte. • On a produi… du blé. • On m'a permi… d'entrer. • Le poulet est bien cui… . • Nous avons repri… la route. • Les enfants ont offer… un bouquet à leur maman. • On a inscri… ma petite sœur à la crèche.

… /10

69 le participe passé en **-é** ou l'infinitif en **-er**

OBSERVE

Il veut plonger.

Il a plongé.

Il veut quoi faire ?

Il veut plonger.

... quoi faire ? V_er

Il s'agit... d'avoir plongé.

avoir ou être + V_é

RETIENS

■ Un verbe terminé par **-er** est à l'**infinitif**. Il indique qu'une action va se faire, vient de se faire ou peut se faire. Pour le reconnaître, on peut intercaler la question *quoi faire ?* juste avant le verbe : *il veut **quoi faire ?** plonger.*

■ Un verbe terminé par **-é** est au **participe passé**. Il est conjugué avec **être** ou **avoir**.

---

214 **Complète par é ou er en t'aidant de ce qui est écrit *en italique*.**

Nous voulons *(quoi faire ?)* démont... la machine.
Papa sait *(quoi faire ?)* répar... son ordinateur.
Il est *(être)* tomb... de vélo. ● Elle va *(quoi faire ?)* le soign... .
Tu aimes *(quoi faire ?)* dessin... . ● Il a *(avoir)* regard... un film.
J'ai *(avoir)* lav... les légumes. ● Il faut *(quoi faire ?)* écout... .
On a *(avoir)* visit... une usine. ● Je suis *(être)* rentr... chez moi.

... /10

215 **Complète ces phrases par é ou er.**

Elle a recul... .	Elle a jou... seule.	Il faut plong... .
Il faut recul... .	Il veut jou... seul.	Ils ont plong... .
J'avais recul... .	Je vais jou... seul.	On vient de plong... .
Tu peux recul... .		

... /10

102

RÈGLES

216 **Complète ces phrases par é ou er.**

■ Le réveil a sonn... . • Le réveil va sonn... .
■ Ma sœur aime trich... . • Mon frère a trich... .
■ Il doit pioch... . • On a pioch... .
■ Il a nou... ses lacets. • Il faut nou... les lacets.
■ Il a soulev... la caisse. • Elle peut soulev... la caisse.   ... /10

217 **Complète ces phrases par é ou er.**

Il a jur... qu'il viendrait.
Qui veut continu... ?
Le magasin est ferm... .
Le tigre va s'échapp... .
Il est rest... au jardin.

Ils ont épluch... les légumes.
Caroline aime bien s'amus... .
Nous avons couch... sur la paille.
Du coton a bouch... le lavabo.
Il faut conjugu... ces verbes.

... /10

218 **Complète ce texte avec ces verbes : léché, parler, saluer, tirer, approché.**

Quand le chien m'a vu, il s'est mis à ... sur sa laisse.
Je me suis ... de lui et il m'a ... les mains pour me ... . Il était
heureux de me voir. Mais s'il avait pu ..., il m'aurait sans
doute demandé mon goûter !   ... /5

219 **Choisis entre l'infinitif et le participe passé pour compléter.**

Alex voudrait pêch... une truite. • Ma voisine a ramen...
ma sœur de l'école. • Il ne faut pas secou... la bouteille. •
Vous avez gard... mon livre. • François pourrait dirig... l'usine
de son oncle. • Papa a dit d'achet... le journal. • Mes tantes
ont bavard... tout l'après-midi. • Un agent lui a montr...
le chemin. • Le jardinier va plant... des radis. • Les enfants
ont travers... la rue.   ... /10

PAR ❤

boucher	continuer	fermer	tricher
un bouchon	démonter	enfermer	un tricheur
reculer	échapper	la vapeur	la valeur

103

les verbes fondamentaux à l'impératif présent

OBSERVE

	avoir	**être**	**faire**
2ᵉ pers. du singulier	**aie**	**sois**	fai**s**
1ʳᵉ pers. du pluriel	ayons	soyons	faisons
2ᵉ pers. du pluriel	ayez	soyez	faites
	donner	**finir**	**prendre**
2ᵉ pers. du singulier	donn**e**	fini**s**	pren**ds**
1ʳᵉ pers. du pluriel	donnons	finissons	prenons
2ᵉ pers. du pluriel	donnez	finissez	prenez
	venir	**mettre**	**aller**
2ᵉ pers. du singulier	vien**s**	met**s**	**va**
1ʳᵉ pers. du pluriel	venons	mettons	allons
2ᵉ pers. du pluriel	venez	mettez	allez

RETIENS

- **L'impératif présent** a seulement trois personnes : la 2ᵉ personne du singulier, la 1ʳᵉ personne du pluriel et la 2ᵉ personne du pluriel.

- Il se conjugue sans pronom personnel sujet : *sois sage, écoutons, allez dans la cour.*

220 Écris les verbes à l'impératif, à la 2ᵉ personne du singulier.
Ex. : *défaire sa valise* → **Défais** ta valise !
donner le départ, *faire* vite, *finir* ses devoirs, *être* poli, *venir* à la maison.   ... /5

221 Écris les verbes à l'impératif, à la 1ʳᵉ personne du pluriel.
Ex. : *défaire sa valise* → **Défaisons** notre valise !
prendre le train, *aller* dans le midi, *avoir* les mains propres, *mettre* de l'ordre dans la chambre, *prévenir* le directeur.   ... /5

▶ **222** Écris les verbes à la 2ᵉ personne du singulier et à la 2ᵉ personne du pluriel de l'impératif.
apprendre par cœur, *pardonner* cette faute, *remettre* sa veste, *refaire* son lit, *définir* ce mot.   ... /10

71 l'impératif présent

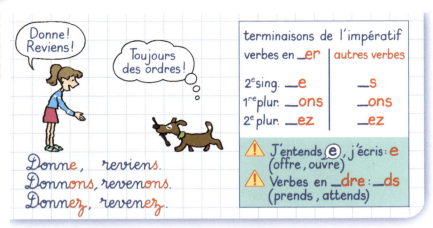

RETIENS

- **L'impératif présent** sert à donner des **ordres** ou des **conseils**.
- Les terminaisons des verbes en **-er** sont : **-e**, **-ons**, **-ez**.
- Les terminaisons des autres verbes sont : **-s** ou **-ds**, **-ons**, **-ez**.

223 Complète les verbes à l'impératif présent.

infinitifs	2ᵉ personne du singulier	1ʳᵉ personne du pluriel
jouer →	Jou... vite !	Jou... encore !
suivre →	Sui... la route.	Suiv... la carte.
sortir →	Sor... d'ici !	Sort... en courant !
tourner →	Tourn... la tête.	Tourn...-lui le dos.
dessiner →	Dessin... un loup.	Dessin... un rat vert.

... /10

224 Écris les verbes à l'impératif présent.

infinitifs	2ᵉ personne du singulier	2ᵉ personne du pluriel
copier →	... la dictée.	Ne ... pas !
se tenir →	...-toi droit.	...-vous par la main.
dormir →	... bien !	... sur le canapé.
attendre →	...-moi !	... son retour.
écouter →	... ce chant.	... la musique.

... /10

PAR ♥

traverser   tisser   une nappe   la vanille
endormir   le tissage   une lutte   une muraille

72 les terminaisons en -é ou -ais, -ait, -aient

OBSERVE

Il ramassait des champignons.

Il a ramassé des champignons.

C'est ce qu'il faisait.

Il s'agit...d'avoir ramassé.

je, tu **V**_ais
il, elle, on **V**_ait
ils, elles **V**_aient

avoir
ou + **V**_é
être

RETIENS

■ Un verbe terminé par **-é** est au participe passé.
Il est conjugué avec **avoir** ou **être** : *il a ramassé, il est allé*.

■ Un verbe terminé par **-ais**, **-ait** ou **-aient** est conjugué
à l'imparfait de l'indicatif : *il ramassait, il allait*.

---

225 Complète chaque début de phrase par un verbe sur fond bleu.
Ex. : *J'ai + chanté → J'ai chanté.*

J'**ai**
Je
Elle
Ils
Elles **ont**
Tu **as**

chant**é**.
chant**ais**.
chant**ait**.
chant**aient**.

Il **a**
Tu
On
Ils **avaient**
Elles

jou**é**.
jou**ais**.
jou**ait**.
jou**aient**.

... / 10

---

226 Complète chaque début de phrase par un verbe sur fond bleu.

Je
Je suis
Il était
On
Ils

rest**é**.
rest**ais**.
rest**ait**.
rest**aient**.

Tu
Elles
Nous avons
Ils ont
Elle

continu**é**.
continu**ais**.
continu**ait**.
continu**aient**.

... / 10

106

RÈGLES

227 **Complète ces phrases par é, ait ou aient.**

On **a** dessin... .
On dessin... .

Ils ne bavard... pas.
Ils **ont** bavard... .

Elles **ont** march... .
Elles march... d'un bon pas.

Ils copi... une phrase.
Ils **ont** copi... cette phrase.

Le chat **a** léch... son plat.
Le chat léch... son plat.

... /10

228 **Complète ces phrases par é, ais, ait ou aient.**

Il a aval... de travers.
Le chien aval... sa pâtée.

Je le cherch... sous le lit.
J'ai cherch... longtemps.

Tu t'es cach... dans l'arbre.
Tu te cach... dans la cave.

Il rest... souvent dehors.
Il est rest... à la maison.

Les ouvriers ont coup... l'eau.
Ils coup... l'eau à chaque réparation.

... /10

▶ **229** **Choisis entre le participe passé et l'imparfait pour compléter.**

Les poissons se sauv... au moindre bruit. ● Le soir,
grand-père cir... ses chaussures. ● Victor a embrass...
ses parents. ● Maman m'a racont... une belle histoire. ●
En classe, l'an dernier, on imprim... un journal. ● Le sable est
entass... dans la cour. ● Autrefois, les enfants se couch... très
tôt. ● Les scouts ont camp... près de la ferme. ● Tu devin...
toujours tout ! ● Mon équipe a encore gagn... .

... /10

▶ **230** **Écris une phrase avec chacun de ces verbes, sans changer
la terminaison : a échappé, pêchait, s'est approché, vidaient,
écoutais.**
**Tu peux utiliser ces sujets : la brebis, le renard, le voleur, l'ours,
son oncle, mes voisins, mes parents, je, tu, etc.**
Ex. : *La brebis a échappé au loup.*

... /5

PAR ♥

une ar**ê**te	un ban**c**	un moi**s**	fran**c**, fran**che**
un ba**z**ar	un balcon	le do**s**	par**c**ourir
un b**ain**	une boucle	le bra**s**	conju**gu**er

107

Révision

▶ Les règles révisées sont indiquées entre parenthèses. Votre enfant peut ainsi relire une règle avant de faire son exercice, ou bien la réviser après, en cas d'erreur.
Les exercices sans règle indiquée contrôlent les mots à savoir écrire par cœur.

▶ Chaque fiche débute par un court texte à compléter. Votre enfant doit le lire en entier avant de répondre. Les lettres ou les mots à retrouver sont marqués par trois points, quelle que soit la longueur de la réponse. Plusieurs réponses sont parfois proposées entre crochets : une seule est juste.

▶ Les exercices sont prévus avec cinq ou dix réponses pour que votre enfant puisse facilement mesurer ses progrès. Les plus difficiles sont signalés par un triangle jaune : ▶.

1 Fiche de révision

1 Texte à compléter. (Règles 12, 23, 46, 54)

L'heure de la vaisselle. ... /10

– Ouah, ouah ! fait le chien Roméo, tout conten... .
Paul po...e[s/ss] les assiettes sal... par terre, et le chien
les lèche une à une, sans y lai...er[s/ss] la plus peti... trace
de nourriture. La vaisselle ...[ai/es/est] vite terminée.
Les assiettes ...[son/sont] propr... et luisant... !
– Tu ...[ai/es/est] un bon chien, dit Paul en rangeant
les assiettes.

**2 On a enlevé un a ou un e dans chacun de ces mots.
Remets-le chaque fois.** (R 8)

une or...ille | une bat...ille | une bout...ille
une corb...ille | on trav...ille |

... /5

3 Jeu des cailloux.

*Avec des cailloux, on peut dessiner la silhouette d'un mot.
Les gros cailloux sont les grandes lettres, les petits cailloux
sont les petites lettres et les tout petits cailloux sont les points
et les accents.*

Trouve le mot qui va dans chaque groupe de cailloux.

loin
boue
aile
clou
gris
idée

Ex. clou

1. ...
2. ...
3. ...
4. ...
5. ...

... /5

Fiche de révision

4 **Texte à compléter.** (Règles 16, 17, 38, 57, 58)

Jolie couleuvre. ... /10

Barnabé n'aime pas les vip...res [é/è]. Si on l'int...rroge [e/è]
et qu'on lui demande pourquoi, il répon... :
– Quand on voi... une couleuvre, on di... : oh ! la vilaine
b...te [é/è/ê] ! Mais s'il y avait seulement des couleuvres,
quand ...[on/ont] en rencontre une, on saurait
qu'elle ne mor... pas, et ...[on/ont] dirait :
oh, le joli s...rpent [e/è] !

5 **Écris le mot simple qui peut être reconnu au début de chacun de ces mots.** (R 23)

Ex. : *dentiste* → **dent**.

fleuriste, grandir, chaudement, dessiner, longueur. ... /5

6 **Farandole des mots.**

Pour former une farandole de mots, il faut les écrire de façon que la dernière lettre d'un mot soit la même que la première lettre du mot suivant.

Continue la farandole avec ces mots :

instrument – unité – épingle – mai – tableau.

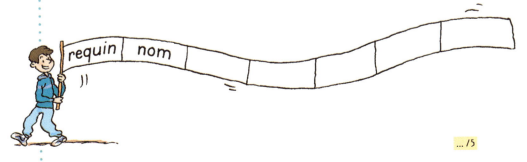

... /5

3 Fiche de révision

7 **Texte à compléter.** (Règles 28, 39, 46, 47, 61)

Les caribous. ... /10

Le Canada ...[et/est] le pays des caribous. Ces animaux se déplac... beaucoup. Parfois ils travers... les rivières. Autrefois, les chasseurs les poursuiv... avec leur... kayaks lon... et étroi... . Ils les tu... à l'aide d'un harpon.
De nos jours, les chasseurs ont un permis ...[et/est] ils paient une taxe s'ils tu... un caribou. Ils doivent chasser à pied et porter un dossard orangé.

8 **Dans chaque phrase, on a remplacé un p par une autre lettre. Retrouve les phrases justes.**

1. Où est le sucre en **f**oudre ?
2. Il a un **f**ou dans les cheveux.
3. J'ai une **n**ièce en or.
4. Où est le **m**ot de confiture ?
5. C'est une histoire de cinquante **c**ages.

... /5

9 **Puzzle de syllabes.**
Tu peux former cinq mots avec ces syllabes. Écris-les. (R 15)

Ex. : blan + cheur → *blancheur*.

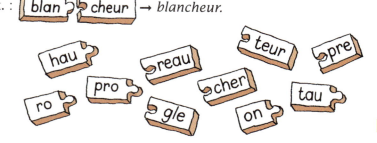

... /5

Fiche de révision

10 **Texte à compléter.** (Règles 41, 46, 50, 69)

La coccinelle. ... /10

Tout l'hiver, la coccinelle reste caché... sous des feuill... mort... ou dans la mousse. Quand les beau... jour... arrivent, elle pond des œufs orangé... . Elle les dépose en peti... tas, au milieu des pucerons. La larve de la coccinelle est un ogre : elle se met à mang...[é/er] des pucerons. Pendant trois semain..., elle va s'en gav...[é/er]. Plus de cent par jour !

11 **On a enlevé un e ou un è dans chacun de ces mots. Remets-le chaque fois.** (R 16, R 17)

un ch...f, m...rci, un probl...me, un gil...t, la rivi...re. ... /5

12 **Mots croisés.**
Complète la grille en t'aidant des définitions et des dessins.

1. Oiseau noir.
2. Elle fait le miel.
3. Oiseau noir et blanc à longue queue.
4. Insecte qui vole.
5. Oiseau qui dort le jour.
6. Mâle de la cane.

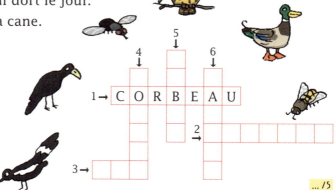

... /5

5 Fiche de révision

▶ **13** **Texte à compléter.**   (Règles 23, 28, 38, 68)

Chez les nomades du désert.   ... /10

Le lait ...[et/est] la principale nourriture. ...[on/ont] le boit
frais ou caillé, avec de l'eau ...[et/est] du sel. On en fait aussi
des fromages qu'...[on/ont] mange avec des galettes de mil.
Quand une vache a mi... au monde un petit veau,
son premier lait est épai... . Il est cui... pour obtenir
un fromage délicieu... . Le deuxième lait,
plus lég...[é/er/et] et plus clair,
...[et/est] pour le veau.

14 **Dans chaque phrase, on a remplacé
un l par une autre lettre.
Retrouve les phrases justes.**

1. J'ai pris vingt **t**itres d'essence.
2. On a gagné le gros mot.
3. Il a fait le tour du sac en bateau.
4. J'ai repassé le singe.
5. Donnez-moi une douche de potage.   ... /5

15 **Farandole des mots.** *Règle du jeu page 111.*

Continue la farandole avec ces mots :

timbre – raisin – utilité – nuit – eau.

hiver

... /5

114

Fiche de révision

16 **Texte à compléter.** (Règles 29, 30, 34, 42, 59)

Pourquoi le lézard n'a pas d'oreilles. ... /10

Le lézard ...[ce/se] moquait toujours de la panthère.
Un jour, elle l'attrape et dit aux autres anim... d'une voix
terrible : « Je vais le dévorer ! ». Le lézard pren... vite
...[son/sont] couteau et ...[ce/se] coupe les oreilles.
Quand la panthère voi... qu'il est si courageux, elle se sauv... .
Depuis ...[ce/se] jour, elle ...[a/à] peur des lézards,
et le lézard n'...[a/à] plus d'oreilles !

17 **Écris le mot simple qui peut être reconnu à la fin de chacun de ces mots.**

Ex. : *ramener* → **mener**.

parcourir, rebord, biscuit, madame, minuit. ... /5

18 **Jeu des cailloux.** *Règle du jeu page 110.*
Trouve les cinq mots qui vont dans ces groupes de cailloux.

asperge
briquet
chapeau
diriger
fatigue
insecte
produit

... /5

115

7 Fiche de révision

19 **Texte à compléter.** (Règles 12, 14, 28, 59)

Un éléphant très malin. ... /10

Un jour, au zoo, mon frère rama...e un petit caillou.
Nous l'entour... d'un papier et nous le lan...ons à l'éléphant
qui le pren... avec sa trompe. Nous éclatons de rire ...[et/est]
nous recommen... à lan...er de faux bonbons. Mais l'éléphant
n'aime pas les cailloux ! Il va boire dans son ba...in, puis il
se met en face de nous ...[et/est] nous crache dessus toute l'eau
qui ...[et/est] dans sa trompe ! Nous l'avions bien mérité.

20 **Les syllabes cachées.**
Dans quels mots trouves-tu une de ces syllabes ? (R 15)

| cra | der | pre | gne | pio |

racine, perdre, proprement, poignet, crapaud, dernier,
direct, piocher, montagne, brioche.   ... /5

21 **Mots croisés.**
Complète la grille en t'aidant des définitions et des dessins.

1. Mâle de la vache.
2. Elle a un long cou.
3. Sorte de lapin qui court très vite.
4. Il a de longues oreilles.
5. Sorte de cheval à rayures blanches et noires.
6. Sorte de très gros chat qui a des rayures.

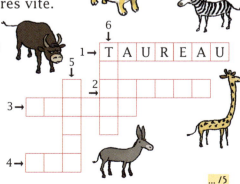

... /5

8 Fiche de révision

22 **Texte à compléter.** (Règles 27, 47, 55, 59, 69)

On a toujours besoin d'un plus petit que soi. ... /10

Un jour, le roi des lions est pris dans le filet des chasseurs.
Il cri…, il hurl…, il rugi…, mais il ne parvien… pas à le
déchirer. Il fait tant de bruit que tous les animaux se sauv…,
et les chasseurs aussi. Ils ont peur. Heureus…, un rat pass…
par là. Il a pitié du lion et se met à rong…
les mailles du filet pour délivr…
le prisonnier. Le rat en a les dents
usées, mais le roi des lions
est libér… .

23 **Dans chaque phrase, on a remplacé un r par une autre lettre. Retrouve les phrases justes.**

1. Vive le roi et la peine !
2. Elle a des cheveux d'un joli doux.
3. Les matins montent sur le bateau.
4. Les joues de mon vélo sont dégonflées.
5. La voiture coulait à cent kilomètres à l'heure. ... /5

24 **Puzzle de syllabes.**
Tu peux former cinq mots avec ces syllabes. Écris-les. (R 10, R17)

... /5

117

9 Fiche de révision

25 **Texte à compléter.** (Règles 24, 34, 37, 47, 69)

La toilette des chèvres. ... /10

Dès que Ratus commence à arros... les chèvres pour les lav...,
elles baiss... la tête pour lui donner des ...[cous/coups]
de cornes. Mais la plus petite découvr... un jeu plus
amusant : écraser le tuyau avec son sabot pour que l'eau
s'arrête de coul..., puis enlever sa ...[pâte/patte] juste au
moment où Ratus regarde l'ouverture du tuyau en ...[se/ce]
demandant pourquoi il n'y a plus d'eau. Splash ! Et ...[s'est/c'est]
Ratus qui est douch... !

26 **Dans chaque phrase, on a remplacé un t par une autre lettre.
Retrouve les phrases justes.**

1. Donne-moi une branche de gâteau.
2. Monte en haut de la cour du château.
3. J'ai mal à la fête !
4. Cette histoire a un joli litre.
5. Le berger a pondu tous ses moutons.

... /5

27 **Mots croisés. Complète les phrases pour trouver
les mots qui permettent de remplir la grille.**

1. On peut ... avec un crayon.
2. On jette les papiers dans la ... .
3. On écrit sur du ... .
4. J'écris au tableau avec une ... .
5. Celui qui va à l'école est un ... .
6. Mes dessins ont de belles couleurs grâce à mes f... .

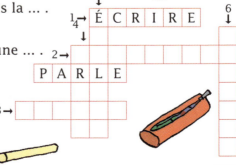

... /5

10 Fiche de révision

28 **Texte à compléter.** (Règles 13, 33, 34, 40, 47, 69)

La légende du chat. ... /10

Sur son arche, Noé avait embarqu... un couple de tou... les animaux. Les chats n'existai... pas encore.
Les souris faisai... tant de petits que les vivres vinrent à man...er [c/qu]. Noé demanda au lion de l'aid... .
Le lion ...[ce/se] gratta le museau, ce qui le fit éternu... .
Deux tout petits lions sortirent de ...[ces/ses] narines :
c'étaient les deux premiers chats du monde ! Ils ...[ce/se] mirent aussitôt en chasse et tuèrent beaucoup de souris.

29 **Les syllabes cachées.**
Dans quels mots trouves-tu une de ces syllabes ? (R 15)

rou   net   dre   sur   tim

retourner, adroitement, rouler, superbe, tordre, trousse, timide, robinet, surprise, timbre. ... /5

30 **Farandole des mots.** *Règle du jeu page 111.*
Continue la farandole avec ces mots :
depuis – escalier – taillé – regard – sujet.

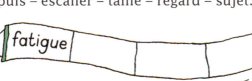

... /5

Dictées

Avec les dictées qui suivent, votre enfant met en pratique les règles étudiées. Les principales sont indiquées au début de chaque texte.

1 Mon chien
Règles 7, 14, 36.

Mon chien est plein de puces, mais ça ne fait rien, je l'aime bien. Le soir, il vient à ma rencontre sur le chemin de l'école. C'est mon ange gardien.

2 Plus de peur que de mal
Règles 10, 48, 67.

Il fait sombre. Rémi a manqué une marche et il est tombé dans l'escalier. Sa mère l'emmène passer une radio.
– Tu as eu de la chance, lui dit le médecin. Ta jambe n'est pas cassée.

3 Départ en vacances
Règles 41, 48, 57.

La caravane de Victor est prête. La moto de Ratus a été réparée et la voiture de sa grand-mère est chargée de bagages.
– Je passe devant, dit Mamie Ratus.
Tout le monde la suit, mais elle roule vite. Et les gendarmes sont cachés au bord de la route…

4 L'escargot
Règles 25, 41, 43, 59.

Il fait son chemin sur la salade. Il est dessus. Il passe dessous. Le voici devant. Un moment après, il se cache derrière pour faire des trous dans une feuille : il mange, il prend des forces. Les cornes en avant, il repart un peu plus loin et il bave sur toutes les feuilles du jardin.

5 Rêve de chat
Règles 23, 28, 33, 47, 59.

Il saute sur le banc, se couche au soleil, puis il s'endort. Tout à coup, ses moustaches bougent, il secoue ses pattes. Il rêve qu'il chasse un rat, un gros rat, un énorme rat, le plus méchant de tous les rats. Il rêve qu'il est malin comme un renard et qu'il est fort comme un lion.

121

6 Minet a disparu !

Règles 34, 38, 39, 47, 61.

Mes parents partent au travail. Au moment où ils ouvrent la porte, mon chat se glisse entre leurs jambes et se sauve. Ce soir, il n'est toujours pas revenu ! Vers neuf heures, on sonne à la porte. C'est Minet que les voisins ramènent. En rentrant, ils l'ont trouvé qui dormait sur leur lit.

7 Le fantôme

Règles 23, 37, 46, 66.

Je lui ai sauté dessus et j'ai senti quelque chose de glacé. J'ai reculé. C'était un fantôme ! La preuve ? Il s'est envolé au plafond. Vrai de vrai, il s'est installé là-haut, bras croisés, assis, tête en bas. Il m'a demandé :
– Est-ce que tu crois aux fantômes ?   D'après E. Reberg, *Un voleur à l'école.*

8 Le serpent

Règles 23, 48, 49, 69, 72.

Le soleil était très chaud. Mon frère venait de monter sur un petit mur. Il montrait quelque chose. J'ai fait un pas en avant et j'ai vu une vipère ! Heureusement, mon père a tapé du pied pour lui faire peur. Elle s'est sauvée et elle a disparu sous un tas de pierres.

9 Vive la pêche !

Règles 18, 40, 48, 63, 65.

Toute la famille est arrivée à la campagne.
– Demain, on mangera du poisson, dit mon grand-père. Je me lèverai de bonne heure et j'irai pêcher la truite. Ton père prendra la barque et vous pêcherez tous les deux sur le lac.
– Avec Mamie et tes sœurs, ajoute maman, nous irons au marché pour acheter des fruits et des légumes.

10 Drôle de chien savant

Règles 57, 61, 69, 70, 71.

– Regarde, dit mon cousin. Boby est aussi malin qu'un chien de cirque. Fais le beau, Boby !
Le chien part en courant et revient avec un bout de bois.
– Écoute bien, lui dit son maître. Donne !
Mais Boby se sauve. Soudain, il saute en l'air et attrape un papillon qui passait près de son museau.
– Tu vois, dit mon cousin. Il sait même chasser.

Test final

TEST FINAL

Ce test correspond aux règles d'orthographe étudiées.

Réponds sans regarder dans le livre.

1 **Complète les mots par s ou ss.**
une chai…e   une table ba…e

2 **Écris ces verbes au présent de l'indicatif, à la 2e personne du singulier.**
coudre : tu …………   *rester* : tu …………

3 **Accorde les noms et le verbe.**
Les skieur… port… des lunette… de soleil.

4 **Choisis entre a ou à pour compléter.**
Juliette est rentrée … cinq heures.

5 **Écris cette phrase en remplaçant le nom masculin par le nom féminin correspondant.**
Mon voisin est un homme courageux.
Ma ………………………………………… .

6 **Complète par c ou ç.**
Mer…i, dit le gar…on.

7 **Que manque-t-il : leur ou leurs ?**
Ils avaient emporté … cadeaux.

8 **Accorde les adjectifs.**
Je vois deux joli… bateaux avec des voiles blanc… .

9 **Choisis entre son et sont pour compléter.**
Mathis a perdu … ballon de foot.

10 **Écris le verbe marcher au passé composé.**
Hier, nous ………………………… pendant trois heures.

11 **Que manque-t-il : ay, aill ou eill ?**
On a t…é les cr…ons de couleur.

123

12 **Écris ces noms au pluriel.**
un clou, des .... un taureau, des ....

13 **Écris au présent de l'indicatif.**
faire : je ...., vous ....
aller : je ...., vous ....

14 **Accorde le participe passé.**
Elle est parti... avec ses frères.

15 **Complète par on ou par ont.**
Ses parents ... une voiture rouge.

16 **Conjugue le verbe écouter aux trois personnes de l'impératif.**
C'est un ordre : ...., ..., ...

17 **Écris l'infinitif du verbe conjugué dans : vous serez sage.**
Il s'agit du verbe ....

18 **Remplace chaque rond bleu par une virgule, un point ou un point d'interrogation.**
– Veux-tu une brioche • un croissant ou un pain au chocolat •

19 **Complète le verbe par é, er, ez ou ait.**
Hier soir, il s'est couch... très tôt.

20 **Écris le verbe chercher au futur, à la 1ʳᵉ et à la 3ᵉ personne du singulier.**
Demain, je ...., il ....

(1 point par question entièrement réussie).   ... / 20

Entoure les numéros des questions où tu as fait des erreurs.
À côté, il y a les numéros des règles que tu as besoin de réviser.

1 R12	**6** R14	**11** R8 R9	**16** R71
2 R56 R58	**7** R39	**12** R42 R43	**17** R51 R63
3 R41 R47	**8** R46	**13** R55	**18** R22
4 R29	**9** R30	**14** R48	**19** R69 R72
5 R44 R45	**10** R67	**15** R38	**20** R65

124

TEST FINAL

Mes résultats

....

....

....

Nom des règles à réviser

....

....

....

....

....

Table des matières

	pages
Présentation	3
Conseils d'utilisation	5
Exemple de progression	5
Présentation d'une règle	7
Liste des règles étudiées	8
Test de départ	10
Fiches d'observation de la langue	13
Règles d'orthographe	25
Notions de base	26
Orthographe d'usage	32
Homophones grammaticaux	56
Accords en genre et en nombre	69
Formes verbales	82
Fiches de révision	109
Dictées	121
Test final	123

Références des extraits.

Deux passages sont extraits de la collection jeunesse *Ratus Poche*.
Exercice 25, p. 118. J. et J. Guion, *Ratus à la ferme*.
Dictée 7, p. 122. D'après E. Reberg, *Un voleur à l'école*.

Hatier s'engage pour l'environnement en réduisant l'empreinte carbone de ses livres. Celle de cet exemplaire est de : **600 g éq. CO$_2$** Rendez-vous sur www.hatier-durable.fr

Achevé d'imprimer en France par Loire Offset Titoulet à Saint-Étienne
Dépôt légal : 97871 5/01 - Janvier 2015